심도 있게 편찬된
구역 및 대학·청년부 BEST G.B.S. 시리즈

BEST
누가복음 Ⅱ

묵상하는사람들

프리셉트

서문

하나님의 말씀을 향한 뜨거운 열정을 가진 한국 교회 성도들을 위하여 쉼없이 달려온 프리셉트성경연구원은, 쉽고도 심도 있는 성경공부 교재 개발의 부르심에 따라 BEST G.B.S. 시리즈를 기획하여 출간하게 되었습니다.

BEST G.B.S.는 참여자들의 수준이 천차만별하고 그들이 처한 상황이 다양한 점을 고려하여, 다양한 포커스를 가진 도입글과 질문을 제시하였습니다. 뿐만 아니라 깊이 있는 질문을 다각도에서 나눌 수 있도록 선택 질문을 기획하여 묵상의 깊이를 더하였습니다.

한편, 프리셉트성경연구원은 한국 교회를 효과적으로 돕는 다양한 교재를 구역, 셀, 소그룹, 그리고 청년부의 조모임을 위해 많이 개발하고 있습니다. 그 종별의 특징은 다음과 같습니다.

Ⅰ. G.B.S. 교재의 종별 특징

1. High G.B.S. 시리즈

평신도 소그룹 중 성경공부를 장기간 진행해 온 분들에게 적합한 교재입니다. 프리셉트성경연구원의 고급 과정(PUP)에서 다루는 내용을 압축하여 정리한 내용으로서, 참여자들이 1시간 정도 예습해 올 수 있을 때에 효과적으로 진행할 수 있는 교재입니다.

2. BEST G.B.S. 시리즈

소그룹 참여자들의 신앙 수준이 다양한 점을 고려하여, 다양한 도입글과 질문을 제시하였습니다. BEST G.B.S.를 쉽고 편하게 진행하기를 원하면, 「더 깊은 연구와 묵상을 위하여」를 생략하고 다룰 수 있습니다.

3. 쉬운 G.B.S. 시리즈

이 교재는 질의응답식 내용을 통해 누구나 예습 없이 현장에서 쉽게 진행할 수 있도록 구성되었습니다.

4. 주제별 G.B.S. 시리즈

이 교재는 성경의 내용을 주제별로 다뤄서 해당 주제에 대해 성경적 세계관을 확립하는 데 큰 도움을 줍니다.

5. 하나님 마음에 합한 시리즈

이 교재는 신앙생활에 관한 16가지 주제를 소그룹용으로 편찬한 교재로서, 쉬운 G.B.S.에 비해 다루는 내용이 넓고 깊습니다.

6. 40분 G.B.S. 시리즈

이 교재는 미국 프리셉트 본부에서 기획된 교재로서, 약 40분 동안 활발한 토의식 성경공부를 진행할 수 있도록 구성된 편리하고 유용한 교재입니다.

7. 성품 G.B.S. 시리즈

이 교재는 성도들이 소그룹에서 끈기 있게 예수님의 성품을 배우도록 편찬되었습니다. 이 시리즈는 감사, 경건 등 성품이란 주제에 대하여 성경 본문을 집중적으로 연구하여 적용하도록 돕는 성품 변화에 통합된 자료입니다.

8. 기타

그 외에 수련회용, 주말 성경학교용, 청소년용, 제자훈련용 등 많은 교재가 준비되어 있습니다.

II. 인도자를 위한 안내

1. 시작 시간을 정확히 지키십시오.
2. 성령님께서 말씀의 비밀을 깨우쳐 주시도록 함께 기도하십시오.
3. 성경공부에 들어가기 전, 지난 주에 깨달은 말씀을 함께 나누면서 마음을 여는 시간을 가지십시오.
4. 인도자는 시작하는 질문을 던지면서 참여자들의 활발한 토론을 유도해 나가십시오. 질문을 할 때에는 교재에 주어진 문제에만 국한하지 말고 다른 보충 질문들을 준비하여 이끌어 가십시오.

5. 각 문제마다 적절한 시간을 안배하여 중점적으로 다룰 문제는 충분히 토의하고 지엽적인 문제는 간단히 진행하십시오.
6. 각 과를 인도한 후, 다음의 평가항목을 통해 스스로 자기 점검을 하십시오.
7. 인도자로서 좀 더 깊이 성경을 배우고자 하는 분들은 프리셉트 성경연구 과정에 참여하여 도움을 받기 바랍니다(문의: 02-588-2218).

Ⅲ. 평가항목

1. 보조 질문은 좋았는가?
   명확하고 간략했는가?
   본문에 충실했는가?
   본질적인 문제에 접근했는가?
   깊은 통찰과 적절한 적용을 이끌어 냈는가?
2. 참여자의 발표를 잘 유도하고 격려했는가?
3. 말을 너무 많이 하거나 적게 하지는 않았는가?
4. 준비를 충분히 하였는가?
5. 분문에서 벗어난 방향으로 토의가 진행되지는 않았는가?
6. 시간은 잘 지켰는가?

Ⅳ. 본 교재에 대하여

누가복음의 저자는 누가입니다. 누가는 사도 바울의 동료였으며(골 4:14) 의사였습니다. 흥미로운 것은 성경 저자 중에서 유일한 이방인은 누가밖에 없다는 것입니다. 누가는 누가복음과 함께 사도행전도 기록했습니다. 그래서 학자들은 누가-행전(Luke-Acts)이라고 부르기도 합니다. 누가복음과 사도행전은 데오빌로라는 동일한 수신자에게 쓰여졌습니다. 누가-행전은 예수 그리스도와 성령께서 이루신 구원의 이야기가 주제입니다. 그중 "먼저 쓴 글"(행 1:1)인 누가복음은 성령에 의해 탄생하신 예수님의 이야기부터 예수님의 승천 이야기까지를 다루고 있습니다.

누가복음은 이방인을 비롯한 모든 사람을 위해 기록된 복음서답게 예수님께서 온 인류의 구세주라는 사실을 강조하고 있습니다. 마태복음이 유대인을 대상으로 기록됐고 예수님께서 유대인의 왕임을 강조한 것과 비교가 됩니다. 특히 누가는 사회 문제에 대한 관심이 많았습니다. 세리와 죄인들, 가난한 자들, 사마리아인들, 여인들과 같이 영적인 약자들에 대한 예수님의 관심과 사랑을 강조했습니다.

또한 누가복음은 기도의 복음서라고 할 수 있습니다. 밤중에 찾아온 친구의 비유(11장)와 과부와 재판관의 비유(18장)와 바리새인과 세리의 기도 비유(18장)는 누가복음에서만 소개된 비유로서 기도를 주제로 한 것이었습니다. 십자가 위에서 예수님께서 드리신 최후의 기도 역시 누가복음만이 다루고 있습니다. 누가는 예수님을 항상 기도하시는 분으로 묘사했습니다. 그리고 기도는 성령의 능력을 받기 위한 통로요 수단이라고 강조했습니다.

누가는 누가-행전을 지리적 배경에 따라서 섬세하게 나눠 기록했습니다. 누가복음도 지리적 배경에 따라 크게 네 부분으로 나눌 수 있습니다.

1) 예수님의 준비 과정(1-4:13)
2) 예수님의 갈릴리 사역(4:14-9:50)
3) 예수님께서 예루살렘으로 가시는 여정(9:51-19:44)
4) 예수님의 예루살렘 사역(19:45-24:53)

누가복음은 전체적으로 예루살렘 골고다 언덕의 십자가를 목적지로 정하고 진술되고 있습니다. 예수님의 삶은 한마디로 십자가의 고난을 준비하고 실행한 삶이라고 할 수 있습니다.

프리셉트성경연구원

차례

01 열두 제자의 전도 여행

본문 누가복음 9:1-9

외울 말씀 제자들이 나가 각 마을에 두루 다니며 곳곳에 복음을 전하며 병을 고치더라 (6절)

도입을 위한 글

7일 간격으로 유명한 두 여인이 죽었다. 한 사람은 다이애나(Diana), 한 사람은 테레사(Teresa) 수녀였다. 다이애나는 부와 명예를 손에 쥐고 있었다. 그러나 테레사는 가진 돈 한 푼 없이 병들고 가난한 자들과 함께 살았다. 다이애나는 삶의 참된 의미가 무엇인지도 모른 채 죽었지만, 테레사는 의미 있는 삶의 본을 보이고 갔다. 미국인이었던 나의 아내 트루디(Trudy)는 갈라디아서 2:20의 말씀을 붙들고 모든 것을 포기한 채 한국에 왔다. 이후 그녀는 50여 년 동안 친정에 미련을 두지 않고 그리스도의 제자다운 삶을 살았다. 60년대 당시 한국은 문화적으로 매우 열악한 상황이었음에도 불평 한마디 없이 시골에서 어머님을 모시고 살았다. 이렇게 살 수 있었던 이유는 하나님의 말씀에 순종했기 때문이다. 그녀의 모습을 보며 가족 모두가 감동을 받았고 그로 인해 온 가족이 예수님을 믿게 됐다. 트루디는 수년 전 골수암 진단을 받고 병원에서 1년 6개월 동안 투병 생활을 했다. 그녀는 투병 중에도 믿음을 지켰고 주님께서 살려 주셨다. 우리는 나를 위해 자기 자신을 버리신 하나님의 아들을 믿는 믿음 안에서 살아야 한다. 더 풍성한 삶으로 이끄시는 주님을 위해 죽고자 하라. -김장환, 『큐티365』

도입을 위한 질문

❶ 여러분은 다이애나와 테레사 수녀의 삶 중에서 어떤 삶을 살기 원합니까?

❷ 여러분이 그리스도의 제자로 살기 위해 포기해야 하는 것은 무엇입니까?

본문 질문

❶ 예수님은 열두 제자를 불러 모으시고 무엇을 주셨습니까(1절)?

❷ 예수님은 열두 제자를 내보내시며 무엇을 전파하고 무엇을 고치라고 하셨습니까(2절)?

❸ 열두 제자는 전도 여행을 할 때 어떤 원칙을 지켜야 합니까(3-4절)?

*이 원칙은 한시적인 것이었으며, 누가복음 22:35-36에서 해제된다.

❹ 만약 제자들을 영접하지 않는 마을이 있다면, 제자들은 어떻게 행동해야 합니까(5절)?

❺ 다음 글을 읽고 제자 삼는 삶에 대해 정리해 보십시오.

주님께서 주신 최고의 계명인 사랑하는 삶은 제자 삼는 삶으로 나타난다. 하나님을 알지 못하는 사람에게 복음을 전해 제자 삼는 일이야말로 그에게 베풀 수 있는 최고의 사랑이다. 그러나 많은 그리스도인이 이 사실을 알면서도 제자 사역에 선뜻 나서지 않는다. 더욱이 가정은 제자 삼는 사역의 중심에 서 있기 때문에, 이 사역이 일어나지 않는 가정은 고통의 온상이 될 수밖에 없다. 그리고 이런 가정의 고통은 교회와 사회의 고통으로 확산된다. 따라서 그리스도인 부모는 자녀들을 주님의 제자로 삼는 사역에 앞장서야 한다. 이 사역에는 하나님의 말씀과 그 말씀대로 사는 삶의 모범과 사랑하는 마음이 있다. 이것이 바로 주님께서 사람들을 제자로 삼으신 방법이다. 많은 부모가 자녀들 앞에서 삶의 모범을 보이는 일에 자신 없어 한다. 그러나 모범을 보인다는 것은 어떤 잘못도 없는 완벽한 삶을 의미하지 않는다. 오히려 잘못을 회개하고 사과하는 진솔한 모습을 보일 때 자녀들도 그리스도의 제자에 대해 관심을 갖게 된다. 이 사역은 성령 사역이기에 가정에서 시작돼 수많은 이웃에게로 확장될 수 있도록 성령님의 도우심을 간구해야 한다. –강안삼

❻ 열두 제자는 예수님의 명령을 받은 후 어떻게 행동했습니까(6절)?

❼ 분봉 왕 헤롯은 예수님에 대한 어떤 소문들을 듣고 심히 당황했습니까(7–8절)?

*분봉 왕 헤롯(7절): 헤롯 대왕이 사마리아 여인 말타케를 통해 낳은 헤롯 안디바이다. 갈릴리와 베뢰아를 관할했으며 세례 요한의 목을 벤 왕이다.

❽ 분봉 왕 헤롯이 예수님을 보고자 했던 이유는 무엇입니까(9절)?

더 깊은 연구와 묵상을 위하여

❶ 예수님께서 열두 제자에게 제시하신 전도 여행의 원칙을 해외 단기선교에 어떻게 적용할 수 있을지 연구해 보십시오(3–5절; 눅 22:35–36).

❷ "이 사람이 누군가?"(9절) 하며 예수님을 보고자 했던 분봉 왕 헤롯의 호기심에 대해 더 깊이 묵상해 보십시오.

적용을 위한 글

하나님의 나라가 전파되는 곳에는 자유와 치유의 역사가 일어난다. 질서와 샬롬의 왕이신 예수님께서 왕으로 좌정하시면 모든 무질서와 혼돈이 정리된다. 그뿐만 아니라 초자연적인 세계나 자연 세계가 질서정연해진다. 예수님은 하나님 나라의 대리자인 제자들을 각 마을로 보내셨다. 하나님의 나라는 제자들을 통해 멋지게 확장됐다. 물론 하나님의 나라를 거부하는 마을도 있었다. 하지만 하나님의 나라는 여러 장애물에도 불구하고 널리 전파돼 세상의 무질서와 혼돈을 정복했다. 예수님은 현대를 살아가는 제자들을 통해서도 이런 역사가 일어나기를 바라신다.

적용 및 결단을 위한 질문

❶ 여러분은 현대를 살아가는 제자로서 하나님의 나라를 전파하고 치유하는 사명을 어떻게 감당하고 있습니까?

❷ 여러분은 하나님의 일을 하면서 하나님의 채워 주심을 경험한 적이 있습니까?

02 오병이어의 기적

본문 누가복음 9:10-17

외울 말씀 먹고 다 배불렀더라 그 남은 조각을 열두 바구니에 거두니라 (17절)

도입을 위한 글

구약의 기적은 신약으로 이어지고, 신약의 기적은 오늘날에도 계속된다. 단, 믿는 자에게만! 오병이어 사건은 사복음서에 모두 나온다. 그만큼 중요한 사건이다. 그러나 대부분 이 일을 신약에서만 일어난 사건으로 알고 있지만, 구약에서도 일어난 사건이었다. 열왕기하 4장에 의하면, 엘리사 시대에 한 사람이 바알 살리사에서 보리떡 20개와 자루에 담은 채소를 가져왔다. 하나님의 사람 엘리사가 그것을 "무리에게 주어 먹게 하라"(왕하 4:42)고 했다. 그리고 믿음으로 순종했더니 100명이 먹고도 남았다. 이처럼 구약의 기적은 신약으로 이어졌고, 신약의 기적은 지금도 일어나고 있다. 단, 믿는 자에게만! 지금으로부터 35년도 더 지난 사건이다. 군에 있을 때 우리 부대가 야간 작전을 나갔다. 워낙 긴장한 탓에 입술이 타들어 가고 있었다. 목을 축이려고 보니 한 사람의 수통에만 물이 남아 있었다. 그때 우리는 손을 맞잡고 하나님께 합심으로 기도했다. 그리고는 한 명씩 돌아가며 수통의 물을 마셨다. 12명이 흡족히 마시고도 수통의 물은 남아 있었다. 예수 그리스도는 어제나 오늘이나 영원토록 동일하시다(히 13:8). 단, 믿는 자에게만! -김봉준

도입을 위한 질문

❶ 여러분만의 오병이어의 기적이 있다면 무엇입니까?

❷ 여러분은 오늘날에도 하나님의 기적이 일어날 수 있다고 생각합니까?

본문 질문

❶ 예수님은 전도 여행에서 돌아온 제자들의 보고를 받은 후 어느 지역으로 가셨습니까(10절)?

*벳새다: '물고기의 집'이라는 뜻으로, 갈릴리 호수로 들어가는 강 동편에 있던 마을이다. 베드로, 빌립, 안드레가 그곳 출신이었다.

❷ 무리가 빈 들까지 찾아와 제자들의 휴식을 방해했습니다. 그때 예수님은 무리를 어떻게 대하셨습니까(11절)?

❸ 제자들은 날이 저물어 가자 예수님께 어떤 문제를 제기했습니까(12절)?

❹ 예수님께서 제자들에게 "너희가 먹을 것을 주라"고 하셨을 때 제자들은 어떤 반응을 보였습니까(13절)?

*제자들은 불과 몇 개월 전 예수님께서 벳새다 앞바다에서 그물이 찢어질 정도로 고기를 주셨던 것을 망각하고 있었다(눅 5:6).

❺ 다음 글을 읽고 하나님의 계산법에 대해 정리해 보십시오.

하나님의 때에 이뤄지는 하나님의 일은 대가를 전제로 한다. 영혼 구원의 문제에서도 하나님의 구원 계획이 이뤄지기까지 우리의 섬김과 희생이 필요하다. 그래서 예수님은 이렇게 말씀하셨다. "너희 중의 누가 망대를 세우고자 할진대 자기의 가진 것이 준공하기까지에 족할는지 먼저 앉아 그 비용을 계산하지 아니하겠느냐"(눅 14:28). 예수님도 대가를 치르는 삶에 대해 자주 말씀하셨음을 기억하라. 그런데 우리가 기꺼이 드리는 희생에는 산술적 열매의 씨앗이 아닌 기하급수적 열매의 씨앗이 담겨 있다. 이것이 우리의 희생과 섬김을 받으시는 하나님의 계산법이다. 성경 묵상지 『날마다 예수님과 함께』의 발행인인 셀윈 휴즈(Selwyn Hughes)는 「하나님의 계산법」에서 이렇게 말했다. "성경을 연구할수록 하나님의 계산법이 '얼마나 영광스럽게 비논리적인가' 하는 것을 깊이 깨닫게 된다. 수학에서 5+2=7이다. 그러나 성경에서는 5+2=5,000+α(오병이어의 기적)가 됐다." 따라서 우리는 믿음에 걸맞은 준비를 하고 희생과 섬김에 넘치는 열매로 채우시는 하나님의 거룩한 계산법을 기대하며 의지해야 한다.

–오정현, 『능력의 실체를 경험하는 신 동행기』

❻ 예수님은 자신들이 가진 것만 계산하며 절망하는 제자들에게 또다시 어떤 준비를 하게 하셨습니까(14-15절)?

❼ 예수님은 오병이어를 통해 무리를 어떻게 먹이셨습니까(16절)?

❽ 새 이스라엘의 가장(家長)이신 예수님께서 먹이신 결말은 어땠습니까(17절)?

더 깊은 연구와 묵상을 위하여

❶ 본문 10절과 마가복음 6:31을 살펴본 후, 그리스도인의 참 휴식에 대해 연구해 보십시오.

❷ 하나님께서 광야를 지나는 이스라엘 열두 지파에게 끊임없이 만나와 메추라기를 주신 일과 예수님께서 빈 들에 모인 무리에게 먹을 것을 넘치도록 주신 일 사이에는 어떤 연관성이 있는지 묵상해 보십시오.

적용을 위한 글

예수님은 휴식과 안식을 아셨던 분이다. 예수님도 피곤하실 때는 잠을 주무셨고 배고프실 때는 음식을 드셨다. 영적으로 탈진하셨을 때는 한적한 곳에서 하나님과 일대일로 사귐의 기도를 드리셨다. 그리스도인에게는 휴식도 신앙이다. 휴식 없는 사역이나 일중독은 옳지 않다. 주 안에서 먹고 마시며 쉼을 누려야 한다. 조용한 기도 시간, 영적인 대화가 가장 좋다. 예수님은 열두 제자와 무리의 영적인 목마름과 육적인 배고픔을 채워 주셨다. 또한 하나님 나라의 복음을 주시고 육신의 병을 고치시고 주린 배를 채워 주셨다. 예수님은 새 이스라엘의 가장으로서 그렇게 행하셨다. 따라서 예수 그리스도 안에 있는 우리는 예수님께 필요를 구할 수 있다. 욕심으로 구하는 것만 아니라면, 예수님의 채우심을 경험할 수 있다.

적용 및 결단을 위한 질문

❶ 여러분은 주 안에서 참 휴식을 취하기 위해 어떤 노력을 하고 있습니까?

❷ 여러분은 주님의 능력보다는 가진 것만 계산하는 삶을 살고 있지는 않습니까? 주님의 능력만 바라보는 삶을 살기 위해 여러분이 지금 결단해야 할 것은 무엇입니까?

03 하나님의 그리스도

본문 누가복음 9:18-27

외울 말씀 예수께서 이르시되 너희는 나를 누구라 하느냐 베드로가 대답하여 이르되 하나님의 그리스도시니이다 하니 (20절)

도입을 위한 글

어느 추운 겨울 한 선교사 후보생이 선교사 파송을 받기 위해 이른 시간에 '검정위원회'를 찾았다. 하지만 약속된 시간에 면접관은 나타나지 않았고, 후보생은 오후 8시가 돼서야 몇 가지 질문을 받을 수 있었다. 그런데 그 질문들이 "자네는 글을 읽고 쓸 줄 아는가? 2x2는 몇인지 아는가?" 등 선교와는 상관없는 다소 황당한 것들이었다. 그럼에도 불구하고 후보생은 질문에 충실히 답했다. 면접관은 만족한 듯 미소를 띠며 "합격입니다. 내일 위원회로 나오십시오"라고 말했다. 그리고 그 선교사 후보생의 추천서에는 이렇게 쓰여 있었다. "이 사람은 자기를 부인할 줄 압니다. 추위도, 푸대접도, 어떤 멸시도 참아 낼 수 있는 겸손한 일꾼입니다." 이해할 수 있는 것을 순종하는 것은 누구나 할 수 있다. 진정한 순종은 이해할 수 없는 것까지 순종하는 것이다. 하나님은 하나님께 항복한 자를 쓰신다. 때로는 우리가 이해할 수 없는 상황으로 우리를 초대하셔서, 우리의 순종을 검증하시고 사람을 통해 시험하기도 하신다.

—안성우

도입을 위한 질문

❶ 여러분은 예수님을 믿는 자로서의 생활이 어떤 것이라고 생각합니까?

❷ 여러분이 가장 포기하기 어려운 것은 무엇입니까? 그 이유는 무엇입니까?

본문 질문

❶ 제자들은 "무리가 나를 누구라고 하느냐"(18절)라는 예수님의 질문에 어떻게 대답했습니까(18-19절)?

❷ 예수님께서 "너희는 나를 누구라 하느냐"라고 질문하시자 베드로는 무엇이라고 대답했습니까(20절)?

*그리스도: '기름부음 받은 자'라는 뜻으로, 히브리어로 '마쉬아흐'(메시야)라고 한다.

❸ 예수님은 제자들에게 어떤 놀라운 말씀을 하셨습니까(22절)?

❹ 예수님을 따라가려면 날마다 어떻게 해야 합니까(23절)?

❺ 다음 글을 읽고 자기를 부인하는 참된 제자에 대해 정리해 보십시오.

'마요네즈, 피클, 케첩' 등으로 전 세계를 석권한 하인츠 식품의 창업자 헨리 존 하인츠(Henry John Heinz)는 1919년 세상을 떠나기 직전 자식들에게 자신의 어머니를 위해 예배당을 건립하라는 유언을 남겼다. 하인츠의 자녀들은 5년에 걸친 대공사 끝에 피츠버그 대학 캠퍼스 내에 자신들의 부친과 할머니를 위한 예배당을 완공하고, '하인츠 기념 예배당'(Heinz Memorial Chapel)이라는 이름을 붙였다. 그 이후 그림처럼 아름다운 이 예배당은 피츠버그의 상징물 중 하나로 손꼽히고 있다. 그러나 예배당 어느 곳을 둘러봐도 예수 그리스도를 찾을 수가 없다. 물론 주일마다 예배가 드려지고 있지만, 아무리 생각해도 주님과는 전혀 무관한 하인츠의 예배당일 뿐이다. 하인츠 예배당은 오늘날의 교회가 주님의 교회가 아닌, 세상에서 출세하고 성공한 사람들의 교회일 뿐인 현실을 보여 준다. 주님을 믿는다는 것은 나 중심의 사고에서 주님 중심으로, 세상을 압도하는 논리에서 영원의 논리로 사고의 축이 바뀌는 것을 의미한다. 세속적 사고의 부인 없이는 참된 그리스도인이 될 수 없다. 진리의 좁은 문을 선택했다는 것 자체가 이미 세속적 사고의 넓은 문을 포기했음을 의미한다. 바로 여기로부터 그리스도인의 순결과 거룩이 샘솟는다.

—이재철, 『내게 있는 것』

❻ 목숨과 구원 사이에는 어떤 상관관계가 있습니까(24절)?

❼ 온 천하를 얻고도 자기를 잃어버린 사람의 인생은 어떻습니까(25절)?

❽ 살아 있을 때 예수님과 복음을 부끄러워한 사람들은 최종 심판대 앞에서 어떤 대우를 받게 됩니까(26절)?

더 깊은 연구와 묵상을 위하여

❶ 예수님은 중요한 일을 앞두고 계실 때마다 기도하셨습니다. 복음서에서 그 예들을 찾아 정리해 보십시오(눅 5:16; 마 4:1-2; 막 14:32).

❷ 당시 사람들은 예수님을 옛 사람이 살아난 것으로 오해했습니다(19절). 세례 요한, 엘리야, 옛 선지자의 공통점은 무엇인지 연구해 보십시오.

적용을 위한 글

당시 갈릴리 전역에는 예수님에 대한 이상한 소문이 돌고 있었다. 옛 선지자가 부활해 예수님으로 오셨다는 소문이었다. 예수님은 이 소문을 바로잡으시기 위해, 당신이 부활한 선지자가 아니라 하나님의 그리스도라고 말씀하셨다. 동시에 당시 사람들이 오해했던 그리스도상(象)도 함께 교정해 주셨다. 즉, 그리스도는 정치적 구원자가 아니라 버림받고 죽임을 당해야 하는 고난의 구원자이심을 알려 주셨다. 또한 예수님을 따르는 제자가 되려면 자기를 부인하고 예수님처럼 고난을 당해야 한다는 것도 알려 주셨다. 이런 선언은 예수님을 따르던 제자와 무리에게 매우 충격적인 소식이었다.

적용 및 결단을 위한 질문

❶ 여러분은 날마다 자기를 부인하고 자기 십자가를 지기 위해 무엇을 하고 있습니까?

❷ 여러분은 예수님과 복음을 자랑합니까, 아니면 부끄러워합니까? 예수님의 제자로서 여러분이 행해야 할 진정한 모습은 무엇인지 이야기해 보십시오.

04 변화산

본문 누가복음 9:28-36

외울 말씀 영광중에 나타나서 장차 예수께서 예루살렘에서 별세하실 것을 말할새 (31절)

도입을 위한 글

한 시골 마을에 대규모의 관광지를 조성하려는 프로젝트가 진행되고 있었다. 상인들은 마을을 빠르게 성장시키려는 욕심에 도박장과 유흥 문화 위주로 도시를 개발하기로 결정했다. "우리에게는 술 마시는 사람들이 있고, 돈을 벌려고 혈안이 된 투자자들이 있습니다. 또한 유흥지를 찾는 많은 관광객이 있습니다. 우리의 개발 방법은 완벽합니다. 절대로 지지 않을 것입니다. 돈이 곧 힘이기 때문입니다." 그러나 도시를 유흥지로 만들기보다는 건전한 문화 · 예술 산업을 통해 관광지를 일구는 것이 낫다고 생각하는 사람들도 있었다. 신앙인이었던 그들은 이렇게 말했다. "우리는 도시를 진정으로 발전시킬 것입니다. 우리에게는 선한 것을 바라는 사람들이 있고, 기도하는 성도들이 있으며, 진리의 말씀이 있습니다. 말씀이 곧 능력입니다. 우리는 결코 지지 않을 것입니다." 기도와 말씀과 사랑의 실천이 우리의 힘이자 세상과 구별되는 점이다. 세상과는 다른 방법으로 세상을 아름답게 변화시키는 것이 이 땅에서 우리의 사명이다. 양심에 거리낌이 있는 것은 하나님의 방법이 아니다. 모든 일을 할 때 말씀에 어긋남이 없도록 노력하라.

–김장환, 『큐티 365』

도입을 위한 질문

❶ 여러분은 하루 중 언제, 어디서, 얼마나 주님과 교제하고 있습니까?

❷ 기도 후에 여러분에게 어떤 변화가 일어납니까?

본문 질문

❶ 예수님의 갑작스러운 수난 예고 후 긴 침묵이 흘렀습니다. 팔 일쯤 됐을 때 예수님은 누구와 함께 무엇을 위해 산에 올라가셨습니까(28절)?

❷ 예수님께서 기도하실 때 그분의 용모는 어떻게 변했습니까(29절)?

❸ 예수님은 기도 중에 모세와 엘리야를 만나 무엇에 대해 상의하셨습니까(30-31절)?

*별세(31절): 헬라어로 '엑소도스'라고 하며, 이는 '새 이스라엘의 제2의 출애굽'을 의미한다.

❹ 베드로, 요한, 야고보는 예수님께서 기도하실 때 무엇을 하고 있었습니까 (32절)?

❺ 다음 글을 읽고 하나님의 뜻을 구하는 기도에 대해 정리해 보십시오.

외아들을 키우는 두 어머니가 있었다. 한 사람은 부유했고 다른 한 사람은 무척 가난했다. 어느 날 두 집의 아들 모두 전염병에 걸려 거의 죽게 되자, 어머니들은 깊은 슬픔에 사로잡혔다. 부유한 어머니는 모든 것을 하나님의 뜻에 맡기라는 목사의 말을 듣지 않고 "우리 아들은 죽으면 안 됩니다. 그는 죽지 않을 것입니다. 하나님, 그가 죽도록 내버려 두시면 안 됩니다"라고 계속 중얼거렸다. 가난한 어머니 역시 아들이 회복되도록 하나님께 기도했으나, 자신의 뜻이 아니고 하나님의 뜻으로 그것이 행해지기를 바랐다. 얼마 뒤, 부유한 어머니의 아들은 회복했지만, 가난한 어머니의 아들은 죽었다. 이후 부유한 청년은 나쁜 친구와 어울려 방탕한 생활로 그의 어머니를 괴롭혔다. 그리고 몇 년 후에는 살인을 공모한 혐의로 교수형을 받았으며 끝끝내 그의 어머니를 부끄러움 속에 살게 했다. 반면, 슬픔과 고난 속에서도 오직 하나님의 뜻을 찬미하며 살아온 가난한 어머니는 마치 아들을 본 것처럼 행복한 미소를 띠며 "귀여운 아들아, 이 늙고 불쌍한 어미를 천국에 데려가려고 드디어 나를 찾아왔구나"라고 말하면서 죽음을 맞이했다. —송태승

❻ 베드로는 졸다가 깨어나서 뜬금없이 예수님께 어떤 제안을 드렸습니까(33절)?

❼ 구름 속으로 임하신 하나님은 제자들에게 어떤 명령을 내리셨습니까(34-35절)?

❽ 모든 것이 사라지고 다시 현실 속에 누구만 남게 됐습니까(36절)?

*예수님은 기도를 통한 영적 체험의 자리에만 머물러 있지 않으시고, 고난이 기다리는 현실 속으로 들어가셨다.

더 깊은 연구와 묵상을 위하여

❶ 예수님의 변화된 용모와 시내 산에서 변화된 모세의 용모를 비교해 보십시오(출 34:29).

❷ 모세, 엘리야, 예수님의 공통점을 산과 하나님의 임재라는 주제로 찾아보십시오(출 19장; 왕상 19장).

적용을 위한 글

예수님은 중요한 일을 앞두고 늘 기도하셨다. 예루살렘의 수난을 앞두고 기도하셨고, 십자가를 앞두고 겟세마네에서 기도하셨다. 수난을 앞둔 예수님이셨지만 기도할 때 그 마음이 단단해지시고 평안함이 가득해지셨다. 반면, 기도하시는 예수님과 대조적으로 제자들은 졸고 있었다. 게다가 베드로는 주님의 뜻과 상관없는 제안을 하기도 했다. 이들의 모습은 오늘날 우리의 모습과 매우 비슷하다. 우리는 주님의 눈으로 세상을 바라보고 주님의 가슴으로 기도해야 함에도 졸거나 심지어 깊은 잠에 빠져 있다. 그렇기에 주님께 간구하는 제목들은 대부분 주님의 뜻과는 상관없는 세상적인 것들이다. 지금부터 철저히 우리 자신을 돌아보며 주님의 뜻에 귀 기울이는 자가 되도록 하자.

적용 및 결단을 위한 질문

❶ 여러분은 중요한 일을 앞두고 가장 먼저 무엇을 합니까? 주님의 뜻을 구하며 기도하는지 살펴보십시오.

❷ 여러분은 베드로처럼 "여기 있는 것이 좋사오니"(33절)라고 말하면서 영광스러운 변화산만을 추구하지는 않습니까? 여러분이 나아가야 할 고난의 산은 어디입니까?

05 믿음이 없는 세대

본문 누가복음 9:37-45

외울 말씀 예수께서 대답하여 이르시되 믿음이 없고 패역한 세대여 내가 얼마나 너희와 함께 있으며 너희에게 참으리요 네 아들을 이리로 데리고 오라 하시니 (41절)

도입을 위한 글

기도회 중에 한 자매가 눈을 질끈 감고 "가! 안 가? 왜 나를 괴롭혀?"라며 발버둥을 쳤다. 그때 내가 귀신이 나간 줄로 믿고 "귀신아, 나가!" 하고 크게 소리치자 귀신은 자매를 넘어뜨리며 나가 버렸다. 아무리 기도해도 안 나가다가 나간 줄로 믿고 기도하니까 한 방에 나갔다. 이처럼 나간 줄로 믿는 그리스도의 말씀에 권세가 있다. 나간 줄로 믿는 믿음으로 "나가"라고 명령하면 증상이 남아 있더라도 곧 떠나가 잠잠해진다. 귀신을 쫓는 명령을 했으면, 그 사람이 고래고래 소리를 지르고 거품을 내뿜으며 뒹굴더라도 그 증상을 믿지 말아야 한다. 그리고 이렇게 말해야 한다. "귀신이 완전히 떠나갔습니다." 그다음 주님께 맡기면 잠시 후 귀신이 완전히 떠나간다. 증상과 상관없이 받은 줄로 확실히 믿는 것, 이것이 바로 믿음이다. -김열방

도입을 위한 질문

❶ 여러분은 귀신 들린 사람을 보거나 들은 적이 있습니까? 그 경험에 대해 이야기해 보십시오.

❷ 여러분은 무질서와 혼돈의 세력인 사탄으로부터 어떤 공격을 받고 있으며 어떻게 대처하고 있습니까?

본문 질문

❶ 예수님께서 변화산에서 내려오셨을 때, 무리 중의 한 사람이 예수님께 소리를 지르면서 무엇을 요청했습니까(37-38절)?

❷ 귀신 들린 아들은 어떤 증상을 보였습니까(39절)?

❸ 귀신 들린 아들의 아버지가 산 아래에 있던 제자들에게 귀신을 내쫓아 주기를 구했을 때, 제자들은 어떻게 했습니까(40절)?

❹ 예수님은 귀신을 쫓는 데 실패한 제자들을 향해 무엇이라고 책망하셨습니까 (41절)?

*세대: '백성'이라는 뜻으로, '축귀에 실패한 제자들'을 가리킨다.

❺ 다음 글을 읽고 귀신의 특징에 대해 정리해 보십시오.

귀신은 병균과 매우 유사하다. 첫째, 병균은 보이지 않는다. 마찬가지로 귀신도 보이지 않는다. 둘째, 병균은 더러운 곳에서 왕성하게 번식한다. 마찬가지로 귀신도 더러운 죄가 있는 곳에서 강한 영향력을 행사한다. 셋째, 병균은 사람의 몸에 침투한다. 마찬가지로 귀신도 사람의 몸에 침투한다. 넷째, 병균이 우리 몸에서 번식하도록 내버려 두면 결국 우리는 병들어 죽는다. 마찬가지로 귀신이 우리 생각 속에서 영향력을 끼치게 내버려 두면 우리의 영혼은 죽고 인생은 파멸한다. 다섯째, 병균은 빛을 싫어한다. 마찬가지로 귀신은 진리를 싫어하며 진리 앞에서 힘을 잃는다. 예수님은 "내가 곧 길이요 진리요 생명이니"(요 14:6)라고 말씀하셨다. 귀신들은 어떻게 하든지 사람들을 '빛과 진리' 되신 예수님과 멀어지게 하려고 한다. 그렇게 하여 우리의 영혼을 죽이고, 인생을 파멸시키려고 한다. 따라서 성경은 우리에게 속임수를 쓰는 마귀에 대항할 수 있도록 하나님께서 주시는 무기로 완전 무장할 것을 권면한다(엡 6:11). —여운학, 『이슬비 전도편지』

❻ 예수님은 발작하는 귀신을 어떻게 제압하셨습니까(42절)?

❼ 사람들 사이에서 예수님의 인기가 하늘을 찌를 듯이 높아졌습니다. 그때 예수님은 제자들에게 어떤 말을 귀에 담아 두라고 하셨습니까(43-44절)?

*손에 넘겨지리라(44절): 22절에서 말씀하신 많은 고난과 죽임당함을 뜻한다.

❽ 제자들은 예수님께서 수난을 예고하시는 말씀을 제대로 이해했습니까(45절)?

더 깊은 연구와 묵상을 위하여

❶ 누가복음 9:6에서는 제자들이 귀신을 내쫓았지만, 지금은 내쫓지 못하는 이유가 무엇인지 연구해 보십시오(42절; 마 17:20; 막 9:29).

❷ 본문의 평행 구절인 마가복음 9:24에서 귀신 들린 아들의 아버지는 자신을 위해 어떤 기도를 드렸는지 살펴보십시오.

적용을 위한 글

무질서와 혼돈의 세력인 귀신들과 싸워 승리하려면 믿음과 기도가 반드시 필요하다. 믿음이 귀신을 이기고 기도가 능력을 충만하게 한다. 주님을 믿고 신뢰하지 않으면 우리도 무질서와 혼돈 가운데 있을 수밖에 없다. 그러므로 우리는 기도를 통해 주님과 항상 연결돼 있어야 한다. 주님의 능력이 우리의 능력이 되도록 해야 한다. 제자들에게는 믿음도 없고 기도도 없었다. 그저 몸만 예수님과 함께 있을 뿐이었다. 제자들의 마음속에는 주님의 말씀이 들어갈 자리가 없었다. 그들의 마음속은 예수님을 정치적 메시야로 세우고 그 밑에서 누릴 권세에 대한 것으로 가득했다.

적용 및 결단을 위한 질문

❶ 기도하는 사람에게 주님의 도우심과 능력이 나타납니다. 그렇다면 지금 여러분은 누구를 위해, 무엇을 위해 주님께 기도하고 있습니까?

❷ 여러분은 주님의 말씀을 귀에 담아 두기 위해 어떤 노력을 하고 있습니까?

06 가장 큰 자

| 본문 누가복음 9:46-56

| 외울 말씀 그들에게 이르시되 누구든지 내 이름으로 이런 어린 아이를 영접하면 곧 나를 영접함이요 또 누구든지 나를 영접하면 곧 나를 보내신 이를 영접함이라 너희 모든 사람 중에 가장 작은 그가 큰 자니라 (48절)

도입을 위한 글

대학에서 수학을 전공한 학생이 졸업 여행으로 이곳저곳을 다니다가 어느 산속에 있는 오두막에 머물게 됐다. 그곳에서 우연히 한 노신사를 만나 수학에 대한 이야기를 나눴다. 수학에 대해 어느 정도까지 공부했느냐는 노신사의 질문에 학생은 기세등등하게 "수학을 정복했습니다"라고 대답했다. 이번에는 학생이 노신사에게 "수학을 어느 정도까지 하셨습니까?"라고 물었다. 그 노신사는 조용한 목소리로 "나는 겨우 수학에 대해 이해하기 시작했네"라고 대답했다. 학생은 노신사와 대화할수록 그의 수학 지식이 비범하다는 것을 느꼈다. 그리고 궁금한 마음에 노신사에게 "도대체 선생님 성함이 어떻게 되십니까?"라고 물었다. 노신사는 "내 이름은 화이트헤드(Whitehead)라네" 하고 대답했다. 놀랍게도 그 이름은 세계적인 철학자이자, 수리학자의 이름이었다.

–이동원

도입을 위한 질문

❶ 여러분은 경쟁심, 교만, 배타심, 분노 등의 감정이 그리스도인과 어울린다고 생각합니까? 그렇지 않다면, 그 이유는 무엇입니까?

❷ 여러분이 생각하는 '겸손'이란 무엇입니까? 그것은 여러분의 삶에 어떤 영향을 끼치고 있습니까?

본문 질문

❶ 제자들 사이에서 어떤 변론이 일어났습니까(46절)?

❷ 예수님은 제자들의 잘못된 생각을 교정해 주시려고 누구를 옆에 세우셨습니까(47절)?

❸ 하나님의 나라에서 가장 큰 자는 누구입니까(48절)?

❹ 요한은 열두 제자 외에 주의 이름으로 귀신 쫓는 일을 금했습니다. 이에 대해 예수님은 어떤 견해를 갖고 계셨습니까(49-50절)?

*열두 제자는 배타적인 기득권을 주장한 것이다.

❺ 다음 글을 읽고 하나님께서 쓰시는 그릇에 대해 정리해 보십시오.

필자가 사인회를 위해 전국을 돌아다닐 때였다. 가는 곳마다 길게 늘어선 독자들의 칭찬을 받으면서 얼마나 가슴이 부풀어 올랐는지 모른다. 그날도 저녁 사인회가 예정된 서점으로 달려가고 있었다. 오후에 행사를 열었던 서점에서 많은 인파로 인해 시간을 지체한 탓에 예정 시간을 넘겨 도착했다. 그 서점에 도착해 보니 나를 기다리고 있는 '군중'은 6명뿐이었다. 서점에서는 2시간을 잡아 놓았지만 10분을 채우기도 힘들어 보였다. 테이블 위에는 루케이도의 책이 산더미같이 쌓여 있었지만, 그걸 사겠다고 줄을 서는 이는 아무도 없었다. 매장 관리자에게 물었다. "광고는 하신 거죠?" "하고 말고요. 평소보다 많이 한 걸요." "다른 필자들 사인회도 이런가요?" "무슨 말씀을요. 사인회 때는 한바탕 난리를 치르곤 하죠." 나는 테이블에 쌓인 책에 모두 사인을 했다. 그제야 어떤 고객 하나가 다가와서 내가 쓴 책 한 권을 집어 들었다. "이걸 쓰셨나요?" "그렇습니다. 서명해 드릴까요?" "아뇨, 됐습니다." 짤막한 대답을 남기고 손님은 가 버렸다. 부푼 내 가슴을 향해 하나님께서 쏘신 겸손의 화살은 목표물에 명중했다. 마음속에 자아가 가득 차 있으면 하나님을 채울 수 없다. 자신을 비울 때 하나님께서 편리하게 쓰실 수 있는 그릇이 된다.

—맥스 루케이도, 『일상의 치유』

❻ 예수님은 때를 분별하시고 무엇을 굳게 결심하셨습니까(51절)?

❼ 사마리아인들이 예수님을 거부하자, 제자들은 몹시 분노하면서 무엇을 하자고 했습니까(52–54절)?

❽ 제자들의 말을 듣고 예수님은 사마리아인들을 책망하셨습니까, 아니면 제자들을 책망하셨습니까(55–56절)?

더 깊은 연구와 묵상을 위하여

❶ 예수님은 어디까지 낮아지는 삶을 사셨는지 묵상해 보십시오(막 10:45; 빌 2:8).

❷ 예루살렘을 향해 올라가는 제자들의 심리를 구체적으로 정리해 보십시오(예: 경쟁심, 교만).

적용을 위한 글

예수님은 예루살렘을 향해 가셨다. 제자들은 흥분하며 예수님께서 예루살렘에 가시면 왕이 되실 것이라고 기대했다. 그리고 자신들도 한 자리씩 차지하고 권세를 누릴 것이라고 생각했다. 그래서 누가 더 높은 자리에 앉을 것인지 변론하기 시작했다. 제자들의 마음속에는 교만이 가득했고, 자신들만이 정통성 있는 예수님의 제자라고 생각했다. 열두 제자를 제외한 사람들은 제자가 아니라고 생각했다. 그래서 자신들을 거부하는 사마리아인들에 대해 적개심을 느끼며 분노했다. 말 그대로 안하무인이었다. 하지만 주님의 생각은 달랐다. 작은 자가 큰 자이며, 누구든지 주의 이름으로 귀신을 제압하기 원하셨다. 그리고 사마리아인도 구원받을 영혼으로 바라보셨다. 우리 자신은 진정으로 예수님을 닮아 가는 제자들인지 스스로 돌아보자.

적용 및 결단을 위한 질문

❶ 여러분은 스스로 높임과 섬김을 받으려는 열망에 사로잡혀 있지는 않습니까? 겸손과 사랑의 삶을 가르치신 예수님을 따르기 위해 여러분이 가장 먼저 고쳐야 할 점은 무엇입니까?

❷ 여러분이 예수님의 참된 제자로서 시대를 분별하며 굳게 결심해야 할 것은 무엇입니까?

07 제자의 우선순위

본문 누가복음 9:57-62

외울 말씀 예수께서 이르시되 손에 쟁기를 잡고 뒤를 돌아보는 자는 하나님의 나라에 합당하지 아니하니라 하시니라 (62절)

도입을 위한 글

우선순위를 정하는 것은 그리스도인으로서 성장하는 데 매우 중요한 부분이다. 예수님께 가장 중요한 것은 여러분에게도 가장 중요한 것이 돼야 한다. 영원히 계속될 것이 잠시 있을 것보다 중요함은 당연하다. 영적인 것은 물질적인 것보다 중요하고, 하늘에 속한 것은 땅에 속한 것보다 중요하다. 1851년 스웨덴의 오페라 가수 제니 린드(Jenny Lind)는 최고의 명성을 날리며 뉴욕으로 갔다. 그곳에서 한 교회의 예배에 참석하면서 예수 그리스도를 구주로 영접했다. 그녀가 그리스도인이 되자 팬들의 수는 상당히 줄어들었다. 하지만 그녀에게 무대는 더 이상 중요한 가치가 아니었다. 나중에 무대를 떠난 이유를 묻자, 그녀는 이렇게 대답했다. "하루하루 지날수록 무대에 오르는 일 때문에 성경을 묵상할 시간을 갖지 못하게 되더라고요. 더구나 이생 너머에 있는 그 무엇에 대해 생각할 시간도 전혀 없었죠. 그러니 제가 더 이상 뭘 할 수 있었겠어요?" 우선순위 목록 맨 위에는 하늘의 일들이 올라가야 한다. 물론 세속의 일들은 내려가야 할 것이다.

-래리 모이어, 『서른한 번의 새아침』

도입을 위한 질문

❶ 여러분이 하루 중 가장 우선순위로 두는 일은 무엇입니까?

❷ 여러분에게 주님을 만나는 시간은 얼마나 중요합니까?

본문 질문

❶ 본문은 예수님께서 어디에 계실 때 일어난 사건입니까(57절)?

*길: 예루살렘에서 수난을 받기 위해 가시는 길이었다.

❷ 예수님의 제자가 되겠다고 자원한 어떤 사람은 자신의 소신을 무엇이라 밝혔습니까(57절)?

❸ 피조물들은 저마다 보금자리가 있는데, 정작 예수님은 이 땅에서 무엇조차 없으셨습니까(58절)?

*굴, 집, 머리 둘 곳: 모두 '안정'을 상징한다.

❹ 예수님께서 또 다른 사람에게 "나를 따르라" 하고 제자로 부르셨을 때, 그는 어떤 핑계를 댔습니까(59절)?

❺ 다음 글을 읽고 우선순위에 대해 정리해 보십시오.

어느 날, 주님께서 나를 부르시더니 우선순위의 균형이 깨져 있음을 부드럽게 알려 주셨다. "밥, 너는 주유소를 찾듯이 내게 오는구나." 나는 주유소를 '필요악'이라고 생각한다. 왜냐하면 주유를 좋아하지는 않지만, 운전은 좋아하기 때문이다. 내가 정말 좋아하는 운전을 하려면, 반드시 주유를 해야 한다. 주님의 말씀을 나는 이렇게 받았다. "밥, 너는 네 필요를 채우려고 기도의 자리에 나오는구나. 내가 네 마음의 첫사랑이기 때문에 오는 게 아니구나. 재충전해서 그 힘으로 네 인생의 첫사랑을 좇으려고 내게 나오는 것이구나." 내 첫사랑은 사역이었다. 영혼이 구원받는 모습을 보고 싶었기 때문이다. 나는 도시 전체를 취해 주님께 드리고 싶었으며, 세상을 바꾸고 싶었다. 그리스도를 위해 무엇을 하느냐가 그리스도와 함께하는 것보다 더 중요했던 것이다. 나는 "나의 모든 근원이 네게 있다"(시 87:7)는 말씀처럼 내 모든 근원이 주님께 있다고 주장했지만, 사실 나를 지탱하는 주된 힘은 사역의 성취에서 오는 '짜릿함'이었다. 나는 주님께서 알려 주신 후에야 그 사실을 깨달았다. 다른 어떤 일보다 먼저 주 예수님과 뜨거운 사랑의 관계를 맺는 사람, 그리고 이 관계에서 힘을 얻는 사람은 하나님 나라의 능력을 얻는다.

–밥 소르기, 『내 영이 마르지 않는 연습』

❻ 예수님은 제자의 가장 우선순위가 무엇을 하는 것이라고 하셨습니까(60절)?

❼ 또 다른 사람은 먼저 무엇을 한 후에 주님을 따르겠다고 했습니까(61절)?

❽ 하나님의 나라에 합당하지 않은 사람은 어떤 사람입니까(62절)?

더 깊은 연구와 묵상을 위하여

❶ 예수님은 부모 공경을 회피하는 것을 정당화하셨습니까, 아니면 악행이라고 경고하셨습니까? 고르반 관습에 대한 예수님의 견해와 함께 살펴보십시오(막 7:11).

❷ 뒤를 돌아보거나 뒤로 물러가는 것에 대해 성경은 어떤 메시지를 전달하고 있습니까(62절; 창 19:26; 히 10:39)?

적용을 위한 글

예수님은 예루살렘으로 가시는 길에 세 사람을 만나 참된 제자의 길을 가르쳐 주셨다. 제자의 길은 안정된 길이 아니라 좁고 힘든 길이다. 예수님은 한 제자 지망생에게 안정, 평안, 해결, 응답, 축복을 바라면서 제자가 되려 했다면 꿈을 깨라고 하셨다. 제자의 길은 하나님의 나라를 가장 우선순위로 설정하는 길이다. 자신을 희생하고 낮춰야 하는 길이다. 그래서 제자가 되는 길은 좁고 힘든 길이다. 본문에 나오는 예수님께서 예루살렘으로 가시는 길이 바로 제자가 가야 할 길이다. 주님의 제자는 주님께서 지신 십자가 뒤에 숨어 그 은혜만 누리는 사람이 아니라, 주님의 십자가의 길과 수난의 길을 함께 따라가는 자다.

적용 및 결단을 위한 질문

❶ 여러분은 예수님의 길을 따라가는 제자가 되기 위해 무엇을 포기하고 있습니까?

❷ 여러분은 결정적인 선택의 순간에 무엇을 기준으로 삼고 있습니까?

08 70인 전도대

본문 누가복음 10:1–16

외울 말씀 어느 집에 들어가든지 먼저 말하되 이 집이 평안할지어다 하라 (5절)

도입을 위한 글

데이비드 맥케나(David Mckena)가 시애틀 퍼시픽 대학교 총장으로 있을 때의 일이다. 그는 학교의 50주년 창립기념일을 맞아 졸업식에서 설교할 사람을 찾고 있었다. 결국 친구인 빌리 그래함(Billy Graham) 목사에게 설교를 부탁했다. 이에 빌리 그래함 목사가 수첩에 기록된 일정을 확인해 보더니 "초대는 고맙네. 그런데 나는 그날 우리 동네 주유소 주인과 점심 약속이 있다네. 그를 전도하기 위해 어렵게 만든 약속이라네. 나는 전도하는 사람 아닌가?"라며 정중히 거절했다. 맥케나 총장은 이 일에 대해 훗날 "나는 거절당하고도 감동을 받았다"라고 말했다. 그리고 그날 졸업식에서는 이렇게 이야기했다. "오늘 이 자리에 빌리 그래함 목사님이 올 수 있었는데, 그는 오늘 주유소 주인을 전도하기 위해 이 자리에 오지 못했습니다." 빌리 그래함 목사가 훌륭한 이유는 영광스러운 자리에 가기보다 한 영혼에게 복음 전하는 일이 더 중요하다는 것을 아는 전도자였기 때문이다. —공수길

도입을 위한 질문

❶ 여러분도 빌리 그래함 목사처럼 전도하기 위해 특별한 약속을 잡아 본 적이 있습니까?

❷ 여러분은 지금까지 몇 사람을 전도하여 주님께 인도했습니까?

본문 질문

❶ 예수님은 무리 중에서 70인을 따로 세우시고 어디로 어떻게 보내셨습니까(1-2절)?

❷ 예수님은 복음을 전하는 것이 얼마나 시급한 것인지 알게 하기 위해 70인에게 무엇을 당부하셨습니까(3-4절)?

❸ 70인은 각 동네와 지역의 집에 무엇을 전하는 사명이 있었습니까(5-6절)?

*전도대의 가장 큰 무기는 '평안'(에이레네)이었다.

❹ 예수님은 70인에게 영접을 받거나 동네에서 병자들을 고치고 무엇을 선포하라고 하셨습니까(7-9절)?

❺ 다음 글을 읽고 우리가 전도해야 할 이유에 대해 정리해 보십시오.

지옥은 어떤 곳인가? 성경의 내용들을 종합해 보면, 지옥은 입구는 있으나 출구가 없는 곳이다. 영원한 형벌과 고통이 있는 저주받은 장소이며, 항상 유황불 못이 타오르고 있다. 그 불 못 속에서 죽지도 못하고 영원히 심판을 받아야 하는 운명을 가진 자들이 지옥에 들어가는 사람들이다. 아무리 세상에서 잘 먹고 잘 살았어도 지옥이 예약된 자들은 가장 불행한 자들이다. 어떤 형태로든지 절대 지옥으로 떨어지면 안 된다. 그런데 안타깝게도 천국에 들어가지 못하면 자동으로 지옥에 떨어질 수밖에 없다. 그리스도인들은 지옥이 아니라 천국에 들어갈 마음의 준비를 하면서 반석과 같은 믿음으로 살아야 한다. 지구촌에 교회가 세워진 이유도 엄밀히 따져 보면 지옥에 예약된 인생들을 구원해 천국으로 데려가기 위함이라고 볼 수 있다. 지옥은 가만히 있으면 저절로 예약되는 곳이다. 어떤 복음 전도 쪽지에 보면 이런 글이 적혀 있다. "그냥 아무것도 하지 말고 평안하게 사십시오. 그렇게 가만히 있으면 그 영혼은 어느새 지옥으로 가는 열차를 타게 될 것입니다." 나쁜 짓을 안 해도, 죄를 안 짓는 길을 추구해도, 예수님을 외면하고 불신앙적인 삶을 살면, 그 영혼은 당연히 지옥으로 갈 수밖에 없다. 그래서 그리스도인들은 불신자들의 영혼을 불쌍히 여기고, 끊임없이 복음을 전하며 전도해야 하는 것이다.

–김학규

❻ 예수님은 만약 70인을 영접하지 않는 동네가 있다면 어떻게 행동하라고 하셨습니까(10–11절)?

❼ 예수님께서 복음을 전하셨을 때 그것을 거절했던 세 마을은 어디입니까(12–15절)?

❽ 70인이 전하는 복음을 거절하는 것은 곧 무엇을 뜻합니까(16절)?

더 깊은 연구와 묵상을 위하여

❶ '70'이라는 숫자가 갖는 의미를 묵상해 보십시오(민 11:16–30).

❷ 평안(에이레네)은 신구약 성경을 이어 주는 핵심 개념입니다. 이는 구약의 샬롬, 하나님의 나라와 어떤 연관이 있는지 연구해 보십시오(6, 9절).

적용을 위한 글

70인은 모세를 보좌했던 70인 장로를 연상케 한다. 주님은 오늘날 우리가 사는 이 시대에도 70인을 모집하고 계신다. 각 동네와 지역에서 주님의 평안을 전할 사람, 삶의 무질서와 혼돈을 몰아내고 하나님의 나라를 전파할 사람을 모집하신다. 단순히 교회를 홍보하고 영업하는 차원이 아니라, 지역 공동체 구석구석에서 하나님의 의를 실현할 사람들이 필요하다. 각 가정과 일터 및 각종 모임 속으로 녹아들어서 그곳에 주님의 향기를 전하고 주님의 맛을 더할 사람이 필요하다. 그렇게 하기 위해서는 우리가 좀 더 강해질 필요가 있다. 우리가 강해질 수 있는 길은 오직 하나님과의 친밀한 관계뿐이다. 하나님의 평안으로 무장될 때 우리는 강해진다.

적용 및 결단을 위한 질문

❶ 여러분은 하나님의 나라를 전파할 일꾼으로서 동네와 지역에서 어떤 전도 활동을 하고 있습니까?

❷ 여러분은 주위 사람을 위해 평안의 기도를 드리고 있습니까? 이 같은 모습이 몸에 배기 위해, 여러분이 노력해야 할 부분은 무엇입니까?

09 예수님의 기쁨

본문 누가복음 10:17-24

외울 말씀 제자들을 돌아 보시며 조용히 이르시되 너희가 보는 것을 보는 눈은 복이 있도다 (23절)

도입을 위한 글

정신병원에서 환자가 퇴원할 만큼 좋아졌는지 테스트하는 방법을 개발한 의사가 있었다. 먼저 어떤 방에 물이 조금씩 흐르도록 수도꼭지를 틀어 놓았다. 그리고 바닥에 물이 고일 때 환자에게 걸레를 주고 물을 닦으라고 했다. 퇴원할 만큼 건강한 사람은 먼저 바닥에 물이 고인 이유를 찾아내어 수도꼭지를 잠근 후 바닥의 물을 닦는다. 하지만 아직 퇴원하기 이른 환자는 수도꼭지를 잠그지 않고 바닥의 물만 부지런히 닦는다. 혹시 오늘을 살아가는 우리의 모습이 이렇지 않은지 생각해 보면 좋겠다. 무슨 일을 하든지 건강한 사람은 전체를 볼 수 있다. 전체를 보지 못한다면 핵심을 놓치게 된다. 전체를 보지 못하면 문제점을 발견할 수도 없다. 문제를 발견하지 못하면 어떤 해결책도 정답이 될 수 없다. 모든 노력이 헛수고가 되는 것이다. 전체를 보지 못하고 숨은 이유도 찾지 못한 상태에서 열심히 노력한다는 것은 어리석음의 극치다. 전체를 보며 문제점을 파악하고 그에 맞는 해결책을 찾아내는 사람이 되기를 바란다.

-안성우

도입을 위한 질문

❶ 전체를 보며 문제점을 파악하기 위해서는 어떤 노력이 필요합니까?

❷ 여러분에게 하나님의 나라를 볼 수 있는 눈이 있다고 생각합니까? 그렇게 생각하는 이유는 무엇입니까?

본문 질문

❶ 70인은 사역을 마친 후 돌아와서 예수님께 어떤 보고를 드렸습니까(17절)?

❷ 70인이 귀신들을 항복시킬 수 있었던 이유는 예수님께서 무엇을 주셨기 때문입니까(18-19절)?

❸ 예수님은 70인에게 무엇을 기뻐하라고 하셨습니까(20절)?

❹ 예수님은 성령의 감동으로 하나님께 어떤 감사와 찬양의 기도를 드리셨습니까(21절)?

❺ 다음 글을 읽고 전도할 때 주의해야 할 점에 대해 정리해 보십시오.

전도할 때는 언제나 친절하고 칭찬하고 축복하라고 가르친다. 어느 날 식당에서 여집사님 가족을 만났다. 집사님은 신앙이 좋지만 남편은 그렇지 못했다. 전도할 기회다 싶어 집사님의 어린 아들에게 용돈을 주며 "큰사람 될 얼굴"이라고 칭찬했다. 집사님의 남편도 웃음을 지으며 기뻐했다. 그리고 임신한 누이동생이 옆에 있어 "동생 분이 아이를 가지셨군요. 축하합니다. 순산을 기도합니다"라고 했더니 온 가족이 난색을 표했다. 여동생은 "아직 결혼 안 했는데요"라며 섭섭한 얼굴로 나를 쳐다봤다. 나는 거듭 용서를 구하고 나의 경솔한 말과 행동을 회개했다. "주님, 반드시 저 자매가 좋은 형제를 만나 결혼하고 아기도 갖게 해 주십시오. 그래야만 제가 자매와 가족을 구원할 수 있습니다. 주님, 저는 목사입니다. 제 실수의 말이 예언이 되어 그들을 놀라게 해 주십시오." 그 후 매일 아침 그 기도를 반복하며 전도의 소망을 갖고 있다. "모든 것이 가하나 모든 것이 유익한 것은 아니요 모든 것이 가하나 모든 것이 덕을 세우는 것은 아니니"(고전 10:23). 말이 많으면 실수도 많다. 말은 엎지른 물과 같아서 후회하고 다시 담을 수 없음을 명심하자. -고훈

❻ 하나님과 예수님의 관계는 어땠습니까(21-22절)?

*아버지, 아들(21-22절): 친밀함, 믿음직한 친교와 사랑을 뜻한다.

❼ 예수님은 제자들의 무엇이 복되다고 하셨습니까(23절)?

❽ 하나님의 나라를 간절히 경험하고 싶었던 사람들은 누구였습니까(24절)?

더 깊은 연구와 묵상을 위하여

❶ 귀신들의 항복에 도취된 나머지 이단의 교주가 된 사례를 알고 있습니까? 20절 말씀을 통해, 주님을 따를 때 필요한 요소는 무엇인지 연구해 보십시오.

❷ "주의 이름"(17절)이 상징하는 것은 무엇인지 사도행전을 통해 정리해 보십시오(행 2:21, 3:16, 4:12).

적용을 위한 글

예수님께서 가장 기뻐하시는 것은 하나님의 나라가 확장되는 것이다. 예수님께서 이 땅에 오셔서 섬기시고 대속물로 당신을 내어 주신 이유도 하나님의 나라 때문이었다. 모든 피조물이 하나님의 왕권을 인정하고 하나님의 통치 아래 거하는 것, 그것이 바로 예수님께서 꿈꾸셨던 세상이다. 70인 제자들의 삶에 하나님 나라의 통치가 임한 것은 예수님의 기쁨 중의 기쁨이었다. 우리가 잘 사는 것, 성공하는 것, 웰빙과 힐링에 관심을 갖는 것은 누구의 기쁨을 위함인가. 어쩌면 예수님은 이런 것에 관심이 없으실 수도 있다. 우리의 관심을 점검해 보자.

적용 및 결단을 위한 질문

❶ 여러분은 주님의 기쁨이 되기 위해 어떤 노력을 하고 있습니까?

❷ 여러분은 하나님께서 주신 그리스도인의 권능을 제대로 사용하고 있습니까? 부족한 부분이 있다면, 무엇을 결단해야 하는지 이야기해 보십시오.

10 사마리아 사람의 자비

본문 누가복음 10:25-37

외울 말씀 이르되 자비를 베푼 자니이다 예수께서 이르시되 가서 너도 이와 같이 하라 하시니라 (37절)

도입을 위한 글

『빙점』의 저자 미우라 아야코(三浦綾子)의 이야기다. 미우라 아야코가 살림에 보태기 위해 가게를 내자 사람들이 그 가게로 몰려들었다. 이를 본 남편이 그녀에게 말했다. "동네 사람들이 모두 우리 가게만 찾으면, 다른 가게들은 망하지 않겠소? 함께 살아가는 것이 중요하니, 물건을 모두 구비하지 말고 일부만 갖다 놓읍시다." 그런 다음, 사람들이 그 가게에 없는 물건을 찾으면 옆 가게를 소개했다. 결국 자기도 살고 옆집도 살게 된 것이다. 뒷날 미우라 아야코는 이렇게 고백했다. "이렇게 장사하니 내게도 여유가 생겨 글을 쓰며 작가가 되는 축복을 누리게 됐습니다. 동시에 내 인생에서 가장 중요한 이웃도 얻게 됐답니다." 이번 한 주도 이웃을 위하며 사는, 이웃을 생각하며 사는 복된 날이 되기 바란다.

—이진우

도입을 위한 질문

❶ 여러분에게 이웃은 경쟁의 대상입니까, 아니면 공존의 대상입니까? 그렇게 생각하는 이유는 무엇입니까?

❷ 여러분은 이웃과 한 달에 몇 번이나 교류하고 있습니까?

본문 질문

❶ 어떤 율법교사는 예수님을 시험하기 위해 어떤 질문을 했습니까(25절)?

❷ 율법교사는 "율법에 무엇이라 기록되었으며 네가 어떻게 읽느냐"(26절)는 예수님의 역질문에 무엇이라고 대답했습니까(26-27절)?

❸ 예수님께서 하나님 사랑과 이웃 사랑을 실천하면 영생을 얻을 것이라고 하시자, 율법교사는 자기를 옳게 보이려고 어떤 질문을 했습니까(28-29절)?

❹ 여리고로 내려가던 한 사람이 강도를 만난 후 어떤 상황에 처했습니까(30절)?

*예루살렘(해발 900m)에서 여리고(해발 300m)까지는 거리가 약 27km인 내리막길이었다.

❺ 다음 글을 읽고 함께 나누는 이웃 사랑에 대해 정리해 보십시오.

이웃이란 한 지역에서 서로 돕고 협동하며 함께 사는 인간관계를 의미한다. 오늘날 세계는 교통과 통신의 발달로 점차 온 인류가 하나의 지구촌을 형성하며 가까운 이웃이 됐다. "모든 사람은 자기 운명의 건축가다. 그러나 이웃 사람은 그 건축을 감독한다"라는 조지 에이데(George Ade)의 말처럼 이웃 없이는 단 하루도 살아갈 수 없다. 세계 모든 사람이 이웃사촌처럼 교류하며 평화롭게 살아야 한다. 개인과 가정뿐만 아니라 국가와 국가 사이에서도 좋은 이웃 관계를 형성해야 한다. 좋은 이웃을 얻기 위해서는 성경의 말씀과 같이 내가 먼저 이웃을 내 몸과 같이 사랑하며(마 22:39), 이웃이 하는 일을 간섭하기보다는 어려운 일을 당했을 때 적극적으로 도와줘야 한다. 사람이 한평생 살아가면서 서로가 좋은 이웃이 된다면 얼마나 도움 되는 일이 많은지 모른다. 제임스 하우얼(James Howell)은 "각자의 이웃은 그의 거울이다"라고 하며 이웃과의 일체감을 강조했다. 이와 같이 인간은 이웃과 더불어 살아야 하기 때문에 서로가 좋은 이웃이 돼야 한다. 좋은 이웃은 서로 믿고 돕기 때문에 그 어떤 분쟁과 분열이 있을 수 없고, 서로가 사랑과 봉사로 기여하기 때문에 인간이 소망하는 평화와 행복을 누릴 수 있게 된다.

—조만제, 『내일을 여는 사색』

❻ 한 제사장과 레위인은 강도 만난 자를 보고 어떻게 행동했습니까(31–32절)?

❼ 어떤 사마리아 사람은 강도 만난 자를 보고 어떤 조치를 취했습니까(33–35절)?

❽ 율법교사는 자비를 베푼 사람이 강도 만난 자의 이웃이라는 것을 인정했습니다. 그때 예수님은 율법교사에게 무엇을 명령하셨습니까(36–37절)?

더 깊은 연구와 묵상을 위하여

❶ 제사장과 레위인이 강도 만난 자를 피해 갔던 이유는 무엇입니까(레 21:1)?

❷ 당시 유대인들은 사마리아인에 대해 어떤 부정적인 감정을 갖고 있었습니까?

적용을 위한 글

강도 만난 자는 절체절명의 순간을 맞이하고 있었다. 다른 사람의 도움 없이는 죽을 수밖에 없었던 위기의 순간이었다. 제사장과 레위인은 그 누구보다도 율법을 잘 아는 사람이었다. 하지만 그들이 강도 만난 자를 피해 가게 했던 것은 율법이었다. 제사장과 레위인은 다른 사람의 생명보다 자신의 정결이 더 중요했기 때문이다. 가장 기본적인 인간미와 동정심이 없는 식어 버린 가슴이었다. 그들에게는 사랑 없는 종교적 의무만이 남아 있었다. 하지만 강도 만난 자를 성심성의껏 도와줬던 사마리아인의 가슴 속에는 그 사랑이 있었다. 뼛속까지 지옥의 자녀라고 여겨졌던 사마리아인에게 주님께서 기대하시던 사랑이 있었다.

적용 및 결단을 위한 질문

❶ 여러분은 강도 만난 자와 같은 이웃에게 제사장과 레위인처럼 반응합니까, 아니면 사마리아인처럼 반응합니까? 최근에 있었던 경험을 통해 여러분의 모습을 살펴보십시오.

❷ 여러분이 자비를 베풀어야 할 사람은 누구입니까? 구체적으로 어떤 자비를 베풀 것인지 이야기해 보십시오.

11 마르다와 마리아

본문 누가복음 10:38-42

외울 말씀 몇 가지만 하든지 혹은 한 가지만이라도 족하니라 마리아는 이 좋은 편을 택하였으니 빼앗기지 아니하리라 하시니라 (42절)

도입을 위한 글

우리는 교회 봉사로 인한 육체의 피곤함을 수없이 호소했다. 그러나 그 피곤함은 바울의 관점에서 볼 때, 그리스도의 남은 고난을 내 육체에 채우는 영광이었다. 교회 봉사는 예수님께서 우리에게 맡기신 위탁이다. 그러나 오늘날 그리스도인들 대다수가 교회 봉사를 회피하고 있다. 이들은 힘들게 예수님을 믿는 것을 원치 않는다. 이들은 교회에 숨어들어 온 종교인들이다. 교회의 가장 구석진 곳, 자신을 가릴 만한 기둥 뒤에 앉아 있다가 어느새 사라지고 만다. 하나님은 이들을 어떻게 보실까? 교회 봉사는 그리스도인이 세상에서 얻을 수 있는 최고의 영예요, 면류관이다. 그러므로 신령한 교회 생활을 원한다면 한 가지 이상의 교회 일을 달라고 하나님께 기도하라. 내가 봉사하는 것이 중요하다. 단 한 번도 교회에서 봉사하지 못하고 죽는다고 생각해 보라. 얼마나 끔찍하고 불행한 일인가? 내 아내가 나 대신 일할 수 없으며, 내 남편이 나 대신 일할 수 없다. 내 부모가 나 대신 일할 수 없으며, 내 자식이 나 대신 일할 수 없다. 하나님은 내가 꼭 해야만 하는 일을 예정해 두셨다.

–김점옥, 『그리스도인의 성공방정식』

도입을 위한 질문

❶ 여러분은 교회에서 어떤 봉사를 하고 있습니까?

❷ 여러분은 봉사하면서 다른 사람 때문에 시험에 든 적이 있습니까? 그 경험을 이야기해 보십시오.

본문 질문

❶ 한 마을(베다니)에서 예수님의 일행을 영접한 사람은 누구입니까(38절)?

*영접: 식사 봉사를 통해 손님을 돌본다는 뜻이다.

❷ 마르다의 동생 마리아는 주의 발치에 앉아 무엇을 하고 있었습니까(39절)?

*발치: 발(feet) 아래를 말한다. 위대한 스승의 가르침을 받을 때 발 아래에 앉는 것은 당시 풍습이었다.

❸ 마르다는 왜 마음이 분주했습니까(40절)?

❹ 마르다는 예수님께 마리아에 대해 어떤 요청을 했습니까(40절)?

❺ 다음 글을 읽고 균형 잡힌 영성에 대해 정리해 보십시오.

젊은 수도사가 하루는 실바누스(Silvanus)가 생활하는 수도원을 찾아갔다. 거기서 그는 여러 수도사가 땀 흘리며 일하는 것을 보고 소리를 질렀다. "여러분은 어째서 썩어질 것을 위해 수고합니까? 마리아가 마르다보다 예수님께 칭찬받은 것같이, 여러분도 일하기보다 성경 읽기와 기도에 힘써야 하지 않습니까?" 그러자 실바누스는 자신의 제자에게 이렇게 일렀다. "저 형제에게 성경을 주어 기도실에서 읽도록 하게." 젊은 수도사는 성경을 열심히 읽었다. 그리고 저녁 식사 시간이 되기만을 기다렸다. 그렇게 시간이 한참 지났다. 하지만 누구 하나 저녁을 먹으러 오라고 말하는 사람이 없었다. 그는 기다리다 못해 실바누스를 찾아갔다. "선생님, 오늘은 저녁 식사를 하지 않습니까?" 그러나 이미 다른 수도사들은 식사를 끝낸 뒤였다. 자신에게 식사 시간을 일러 주지 않은 이유를 따지자, 실바누스가 대답했다. "자네는 영적인 사람인데 무슨 썩어질 양식이 필요한가? 우리는 육체의 노동을 하지만 자네는 더 좋은 일인 성경 읽기와 기도를 하지 않았나. 자네는 온종일 하늘의 양식을 먹는데 어째서 육의 양식이 필요한가?" 이 말에 깨우침을 받은 젊은 수도사는 용서를 구했다. 그러자 실바누스가 말했다. "마르다는 마리아를 위해 꼭 필요한 존재였다네. 마르다의 땀 흘린 수고가 있었기에 마리아가 예수님께 칭찬을 들은 것일세."

—유재덕, 『청소년을 변화시키는 이야기 131가지』

❻ 예수님은 마르다의 이름을 2번 부르신 후 마르다의 내면 상태가 어떠하다고 지적하셨습니까(41절)?

❼ 예수님은 마르다가 준비하려고 한 풍성한 음식에 관심이 있으셨습니까(42절)?

❽ 예수님은 마리아의 선택을 어떻게 평가하셨습니까(42절)?

*"실상 필요한 것은 한 가지뿐이다. 마리아는 참 좋은 몫을 택했다. 그것을 빼앗아서는 안 된다."(공동번역)

더 깊은 연구와 묵상을 위하여

❶ 예수님께서 베다니를 방문하신 목적은 무엇이었는지 70인 제자들에게 하신 말씀을 통해 정리해 보십시오(눅 10:8-9).

❷ 마르다는 불필요한 염려와 근심으로 좋은 것을 놓치고 있었습니다. 그리스도인이 해야 할 진정한 염려와 근심은 무엇인지 연구해 보십시오(41-42절).

적용을 위한 글

예수님께서 마을에 들어가신 목적은 가르침과 고침을 통해 하나님 나라의 복음을 전파하기 위함이었다. 예수님은 70인 제자를 각 마을로 파송하실 때에도 그 일을 명령하셨다. 마르다는 예수님의 방문 목적을 제대로 파악하지 못한 채 음식 대접에만 열중했다. 하지만 마리아는 이런 예수님의 방문 목적을 정확히 알고 그것에 집중했다. 마리아는 하나님 나라의 복음을 듣는 일에 우선순위를 뒀다. 예수님은 많은 음식 준비 때문에 염려하고 근심하는 마르다를 멈춰 세우셨다. 마르다가 분주한 자신의 모습을 직면할 수 있도록 도와주셨다. 말씀 없이, 기도 없이 메마른 봉사만 하고 있다면 즉시 멈춰 서서 자신의 모습을 점검하고 영적 재충전을 받아야 한다. 그래야만 살 수 있다.

적용 및 결단을 위한 질문

❶ 여러분은 말씀과 기도 없이 메마른 봉사만 하는 '마르다 신드롬'에 걸려 있지는 않습니까? 주님께서 기뻐하시는 봉사는 무엇인지 찾고 실천하는 시간을 가져 보십시오.

❷ 여러분은 공동체를 섬기는 봉사는 멀리하면서, 대접받고 손쉬운 봉사에만 나서고 있지는 않습니까? 진정한 봉사를 위해 여러분이 바뀌어야 할 부분은 무엇인지 나눠 보십시오.

12 기도할 때의 자세

본문 누가복음 11:1-13

외울 말씀 너희가 악할지라도 좋은 것을 자식에게 줄 줄 알거든 하물며 너희 하늘 아버지께서 구하는 자에게 성령을 주시지 않겠느냐 하시니라 (13절)

도입을 위한 글

"하늘에 계신 우리 아버지여"로 시작되는 주기도문은 "나라와 권세와 영광이 아버지께 영원히 있사옵나이다"로 끝을 맺는다. 불과 30초도 걸리지 않는 기도다. 이 짧은 기도를 예수님은 기도 중의 기도로 우리에게 가르쳐 주셨다. 주기도문의 핵심은 하늘의 뜻이 땅에 이뤄지기를 간구하는 데 있다. 하늘과 땅이 만나기를 위해서 드리는 기도다. 또한 하늘로서 땅이 치유되고 구제되기를 위해서 드리는 기도이기도 하다. 주기도문은 우리에게 기도가 위대한 행동임을 가르쳐 준다. 기도는 사람의 행동이 아니라 하나님의 행동이다. 그 하나님의 행동은 사람을 위한 행동이다. 그러므로 우리는 사무엘상 12:23 말씀처럼 여호와 앞에서 "기도하기를 쉬는 죄"를 범해서는 안 된다. 우리가 기도하기를 쉬는 이유는 하나님을 신뢰하는 믿음이 없기 때문이다. 주기도문을 드리는 우리에게 가장 중요한 것은 우리들의 삶이 변화되는 것이다. 그리고 변화된 우리가 세상을 변화시키는 것이다. —김진홍

도입을 위한 질문

❶ 여러분은 기도하기를 쉬는 것이 죄라는 사실에 대해 어떻게 생각합니까?

❷ 여러분은 하루 중 주로 언제, 어디에서 기도합니까?

본문 질문

❶ 예수님의 기도 모습을 지켜본 한 제자는 예수님께 무엇을 요청했습니까(1절)?

❷ 기도할 때 하나님을 누구라고 불러야 합니까(2절)?

❸ 제자들이 기도할 때 구해야 할 5가지는 무엇입니까(2-4절)?

❹ 밤중에 친구를 찾아간 사람은 어떤 자세로 떡을 달라고 요청했습니까(5–8절)?

❺ 다음 글을 읽고 생활의 주기도문에 대해 정리해 보십시오.

> 주기도문은 예수님께서 가르쳐 주신 기도의 모범 답안이다. 기도하는 사람이라면 이 기도문을 모방해야 한다. 이는 그리스도의 언약 가운데 살아가는 비결이다. 주기도문을 암송하는 사람들은 적어도 주기도문대로 살 각오를 해야 한다. 한마디로 '주기도문의 생활학'이라 정리할 수 있다. 우루과이의 한 작은 교회 벽에 '주님의 기도를 바칠 때'라는 글이 있다. 구절구절마다 반성과 성찰을 하게 만드는 글이다. 오늘날 우리의 기도가 우리 삶과 얼마나 거리가 있는지 뼈아프게 되묻게 된다. "'하늘에 계신'이라고 하지 마라. 세상일에만 빠져 있으면서… '우리'라고 하지 마라. 너 혼자만 생각하며 살아가면서… '아버지여'라고 하지 마라. 아들, 딸로서 살지 않으면서… '이름이 거룩히 여김을 받으시오며'라고 하지 마라. 자기 이름을 빛내기 위해 안간힘을 쓰면서… 그리고 '다만 악에서 구하시옵소서'라고 하지 마라. 악을 보고도 아무런 양심의 소리를 듣지 않으면서…."
>
> –신경하

❻ 기도하는 자가 끊임없이 구하고 찾고 두드리면 어떻게 됩니까(9–10절)?

❼ 악한 아버지라 할지라도 자식들에게는 무엇을 줍니까(11-13절)?

❽ 하늘 아버지는 구하는 자에게 무엇을 주십니까(13절)?

더 깊은 연구와 묵상을 위하여

❶ 기도의 본을 보이셨던 예수님의 기도 모습을 묵상해 보십시오(눅 3:21, 5:16, 6:12, 9:18).

❷ 본문에 나오는 주기도문과 마태복음 6:9-13에 나오는 주기도문을 비교하면서 중복된 표현과 독특한 표현들을 정리해 보십시오.

적용을 위한 글

예수님은 정기적으로 시간과 장소를 정해 놓고 기도하셨다. 이를 보고 예수님께서 한가로운 분이셨다고 말하면 안 된다. 예수님은 메시야 사역으로 늘 바쁘고 분주한 삶을 사셨다. 하지만 바쁘고 분주할수록 기도하는 시간을 내셨다. 기도 시간은 하늘 아버지와 접속하는 시간이기 때문이다. 기도 시간은 성령을 받는 시간이기 때문이다. 주유 없이 차가 달릴 수 없고, 충전 없이 쓸 수 있는 휴대폰은 없다. 하나님의 백성은 구하고 찾고 두드려야 살 수 있다. 기도해야 성령을 받을 수 있고, 성령을 받아야 살 수 있다. 그것이 그리스도인의 삶의 방식이다.

적용 및 결단을 위한 질문

❶ 여러분은 예수님처럼 정해진 시간에 정해진 장소에서 규칙적으로 기도하고 있습니까? 여러분의 기도 모습과 예수님의 기도 모습을 비교한 후 바뀌어야 할 부분은 무엇인지 이야기해 보십시오.

❷ 여러분은 기도하는 자에게 주시는 성령을 받아 누리고 있습니까? 이를 통해, 여러분의 삶은 어떻게 변화됐는지 살펴보십시오.

13 예수님과 바알세불

본문 누가복음 11:14-28

외울 말씀 그러나 내가 만일 하나님의 손을 힘입어 귀신을 쫓아낸다면 하나님의 나라가 이미 너희에게 임하였느니라 (20절)

도입을 위한 글

직장과 재산, 가정과 아내마저 잃은 한 남자가 있었다. 하지만 그는 절망하지 않고 하나님만 굳게 붙잡았다. 어느 날, 그는 교회에서 석조 공사를 하는 것을 봤다. 돌을 삼각형으로 깎아 내고 있는 석공에게 그가 물었다. "어디에 쓰실 건가요?" 석공은 대답했다. "저기 뾰족탑 옆에 작은 구멍 보이죠? 그 구멍에 맞게 깎고 있는 겁니다." 그는 하나님께서 석공을 통해 자신이 겪고 있는 시련을 설명해 주시는 것 같았다. '나는 지금 저기에 맞도록 너를 깎아 내는 중이란다.' 성경은 우리가 잠깐 고난당한 후 '온전하고, 굳건하게' 된다고 말한다. 세상이 우리를 미워하는 것은 우리가 옳은 편에 서 있고 주님과 하나가 됐다는 확실한 증거다. "또 너희가 내 이름으로 말미암아 모든 사람에게 미움을 받을 것이나 끝까지 견디는 자는 구원을 얻으리라"(마 10:22). 이 땅에서 그분과 하나가 되면 어느 정도 체면이 손상되고 박해받는 것은 당연한 결과다. 그러나 어느 날 우리는 '왕과 제사장'이 될 것이며, 그분의 나라에 적극적으로 참여하게 될 것이다.

-빌리 그레이엄, 『빌리 그레이엄의 행복』

도입을 위한 질문

❶ 여러분은 요즘 사탄에게 어떤 공격을 받고 있습니까?

❷ 여러분은 사탄의 세력과 싸워 이기기 위해 무엇을 하고 있습니까?

본문 질문

❶ 예수님께서 말 못하게 하는 귀신을 쫓아내신 것을 목격한 무리들은 어떻게 반응했습니까(14절)?

❷ 무리 중 몇몇 사람은 예수님의 치유 사역에 대해 어떤 부정적인 평가를 내렸습니까(15–16절)?

*바알세불(15절): '바알'(주, 主)과 '세불'(원수, 적)의 합성어로 '원수의 주, 즉 귀신의 통치자 사탄'을 일컫는 말이다.

❸ 국가나 가정과 같은 공동체가 스스로 분쟁하면 무너지듯이, 바알세불이 귀신을 쫓아낸다면 무엇이 서지 못합니까(17–18절)?

*그의 나라(18절): '바알세불의 나라, 사탄의 나라'를 뜻한다. 하나님의 나라와 반대되는 개념이다.

❹ 예수님의 치유와 축귀 사역이 사탄의 능력으로 행해지는 것이라면, 유대교 안에서 일어났던 치유와 축귀의 기적도 결국 무엇이 됩니까(19절)?*

*너희 아들들: 바리새인과 율법학자가 소속된 유대교를 뜻한다.

❺ 다음 글을 읽고 보이지 않는 영적 전쟁에 대해 정리해 보십시오.

사탄은 때로 광명의 천사로 나타난다. 성경은 "이것은 이상한 일이 아니니라 사탄도 자기를 광명의 천사로 가장하나니"(고후 11:14)라고 말씀한다. 사탄은 좋은 것으로 인간을 유혹하며, 죽음에 이르는 달콤함으로 인간의 윤리를 마비시킨다. 때로는 우는 사자로 나타나 인간을 괴롭힌다. 그래서 성경은 "근신하라 깨어라 너희 대적 마귀가 우는 사자 같이 두루 다니며 삼킬 자를 찾나니"(벧전 5:8)라고 말씀한다. 영적 존재를 자각하든지 못하든지 하나님을 믿든지 안 믿든지 하나님께서 존재하시는 것처럼, 우리에게는 영적 전쟁이 요구되고 있다. 우리는 여러 삶의 현장에서 영적 전쟁을 하고 있다. 욕심, 유혹, 무기력, 무신론, 쾌락주의, 황금 만능주의, 마약, 명예욕, 성취욕, 인본주의 등과 전쟁을 벌이고 있다. 이 전쟁에서 승리할 수 있는 비결은 무엇인가? 성경은 단순하게 말씀한다. "무릇 하나님께로부터 난 자마다 세상을 이기느니라 세상을 이기는 승리는 이것이니 우리의 믿음이니라"(요일 5:4), "그들은 믿음으로 나라들을 이기기도…"(히 11:33). 죽음에서 승리하고 죄로부터 해방되며 삶의 행복을 성취하는 영적 전쟁에서 승리하는 길은 오직 믿음뿐이다.

–김필곤

❻ 예수님은 바알세불의 세력보다 더 강한 분이십니다. 예수님은 무엇을 힘입어 바알세불의 세력을 굴복시키셨습니까(20-22절)?

*하나님의 손(20절): 하나님의 성령(마 12:28)과 동일하다.

❼ 예수님과 바알세불의 세력 사이에는 중간 지대나 회색 지대가 존재합니까(23절)?

❽ 더러운 귀신이 물러가면 그 마음에 무엇을 채워야 합니까(24-28절)?

더 깊은 연구와 묵상을 위하여

❶ 본문의 평행 구절에서는 예수님의 치유 사역을 부정적으로 생각했던 사람들이 누구라고 말하는지 살펴보십시오(마 12:22-30; 막 3:22-27).

❷ 이스라엘 백성들을 출애굽시키셨던 하나님의 손(권능)과 기적을 행하셨던 예수님의 손에는 어떤 연관성이 있는지 묵상해 보십시오(출 8:19).

적용을 위한 글

예수님은 세상에 가득한 사탄의 통치를 몰아내시고 하나님의 나라, 하나님의 통치를 이 땅에 실현하셨다. 갖가지 질병으로 나타나는 육체의 무질서를 몰아내셨다. 귀신이 만들어 내는 영적 혼돈도 몰아내셨다. 심지어 자연 만물도 통치하셨다. 바다와 바람이 예수님의 명령에 순종했고, 물고기들도 예수님의 질서에 순응했다. 예수님은 이 땅에 하나님의 나라를 심으러 오신 분이다. 이제 제자들도 그 일을 하기 위해 부르심을 받았다. 하나님께서 이스라엘 백성들을 출애굽시키신 이유는 무엇인가? 하나님은 이스라엘이 세상에 하나님의 구원을 증거하는 사명을 감당하기 원하셨다. 하지만 옛 이스라엘은 불순종했다. 이제 하나님은 예수님을 통해 '제2의 출애굽'을 경험한 새 이스라엘인 우리에게 그 사명을 맡기신다.

적용 및 결단을 위한 질문

❶ 여러분은 하나님의 손(성령)을 힘입어 어떤 사명을 감당하고 있습니까?

❷ 여러분은 말씀의 내면화를 위해 어떤 노력을 하고 있습니까?

14 악한 세대

본문 누가복음 11:29-36

외울 말씀 무리가 모였을 때에 예수께서 말씀하시되 이 세대는 악한 세대라 표적을 구하되 요나의 표적 밖에는 보일 표적이 없나니 (29절)

도입을 위한 글

나이아가라 폭포에 관광을 온 한 남자가 폭포를 둘러보는 도중 목도 마르고 마침 '폭포수는 어떤 맛일까?' 하는 호기심이 생겨 물을 마셨다. 시원하게 마신 후 돌아서는 순간 바로 옆에 'POISON'이라고 쓰인 팻말을 봤다. POISON은 독이라는 뜻이었기 때문에 남자는 그 물이 오염된 줄 알고 깜짝 놀랐다. 아니나 다를까 배가 점점 아프면서 참을 수 없게 돼 인근 병원으로 가서 진찰을 받았다. 의사는 의아한 얼굴로 물었다. "진찰 결과 아무런 이상이 없습니다. 혹시 짐작되는 이유라도 있으십니까?" 남자는 자신이 마신 폭포수에 대해 설명했고 그 말을 듣자 그 자리에 있던 사람들은 모두 큰 소리로 웃었다. "거기 적힌 POISON은 프랑스어로 '낚시 금지'라는 뜻이오." 나이아가라 폭포를 가장 먼저 발견한 사람이 프랑스인 선교사라서 해마다 프랑스에서 많은 관광객이 찾아오기 때문에 프랑스어 푯말을 붙인 것을 보고 착각한 것이다. 생각은 우리의 행동에 강한 영향을 미친다. 전능한 하나님을 바라보고 영원한 나라를 생각하면 악한 권세는 우리에게 힘을 미칠 수가 없다. 우리의 모든 것을 그분에게만 집중하자.

―김장환, 『큐티365』

도입을 위한 질문

❶ 여러분의 세대에 주신 하나님의 확실한 표적은 무엇이라고 생각합니까?

❷ 여러분은 성경 66권이 성령의 감동으로 된 하나님의 말씀이라고 믿습니까?

본문 질문

❶ 예수님은 표적을 구하는 세대를 악하다고 하시면서 표적 대신 무엇을 예로 제시하셨습니까(29-30절)?

*표적: 구약에서는 '겉으로 나타난 흔적'을 뜻한다. 히브리어 '오트'는 다른 말로 '표징, 이적, 징조, 기호, 예표, 감계' 등으로 번역됐으며, 신약에서는 '초자연적인 능력이 나타내는 것'을 의미한다.

❷ 땅 끝에 사는 이방인이었던 남방 여왕도 무엇을 듣기 위해 찾아왔습니까(31절)?

*남방 여왕: 남아라비아의 시바 여왕이다.

❸ 북이스라엘을 끊임없이 괴롭혔던 악한 니느웨 사람들은 무엇을 듣고 회개했습니까(32절)?

❹ 남방 여왕과 니느웨 사람들은 심판 때에 일어나 누구를 정죄할 것이라고 했습니까(31-32절)?

❺ 다음 글을 읽고 우리가 가져야 할 영적인 눈에 대해 정리해 보십시오.

에스키모인들은 늑대를 잡는 방법을 안다. 그들은 늑대를 잡기 위해 시퍼렇게 날이 선 칼을 준비한다. 그리고 그 칼을 피가 낭자한 고깃덩어리에 꽂는다. 칼은 보이지 않고 고깃덩어리만 보이게 말이다. 그리고 그것을 추운 곳에 두고 하룻밤 꽁꽁 얼린다. 다음날 늑대들이 잘 다니는 길목에 칼 손잡이 부분을 땅속에 묻고 고깃덩어리만 드러나게 한다. 늑대는 이런 사실을 알지 못한 채, 피가 꽁꽁 언 고깃덩어리를 핥기 시작한다. 한참 핥다 보면, 고기에 어린 피 맛에 취해 칼날에 자신의 혀가 베이고 있는 것도 모르고 더욱 핥게 된다. 그리고 얼마 안 있어 늑대는 피를 너무 많이 흘려 쓰러진다. 그렇게 에스키모인은 별로 힘들이지 않고 늑대를 잡게 된다. 사탄도 그리스도인들을 미혹하는 법을 잘 알고 있다. 사탄은 영혼을 얻기 위해 인간이 좋아하는 돈, 명예, 학식, 자식 출세 등과 같은 것을 던져 준다. 그런 전략은 이미 에덴 동산에서 최초 인류에게 사용됐다. 그럼에도 불구하고 인간은 여전히 그 덫에 걸리고 있다. 사탄은 예수님도 그런 것들로 유혹했다. 그러나 주님은 그런 유혹을 이기셨다. 주님은 사탄의 유혹 속에 존재하는 영혼을 죽이는 칼날을 아셨다. 주님은 말씀으로 그 칼날을 피하셨다. 이렇듯 말씀은 영적으로 분별할 수 있는 눈을 뜨게 한다. 성령님께서 말씀으로 역사하시면, 세상의 이면에 사탄이 유혹하는 모든 것을 간파할 수 있다. —송종인

❻ 예수님은 요나와 솔로몬과 비교했을 때 어떤 분이십니까(31–32절)?

❼ 유대인들은 세상의 빛이신 예수님을 무시하며 인정하지 않았습니다. 유대인들의 그런 행동은 마치 등불을 켜서 어디에 두는 것과 같은 비상식적인 행동이었습니까(33절)?

❽ 예수님은 무엇이 어둡지 아니한지 점검하라고 하셨습니까(34–36절)?

더 깊은 연구와 묵상을 위하여

❶ 남방 여왕과 니느웨 사람들의 공통점은 무엇인지 연구해 보십시오(31–32절).

❷ 무리 중 몇몇 사람이 예수님께 표적을 구한 이유는 무엇인지 살펴보십시오(눅 11:16).

적용을 위한 글

우리 시대에는 솔로몬의 시대, 요나의 시대, 예수님의 시대보다 더 많은 은혜의 표적들이 있다. 예수님의 십자가와 부활이 밝히 드러나 있다. 성령의 감동으로 기록된 66권의 성경과 주님의 권세를 계승하는 교회 공동체도 너무나 분명한 하나님의 은총의 표적이다. 하지만 우리의 모습을 돌아보라. 이런 은총의 표적을 보며 남방 여왕처럼 말씀을 사모하고 있는가? 니느웨 사람들처럼 회개하고 있는가? 믿고 회개하여 순종하는 자들만이 구원에 이를 수 있다. 은총의 시대에 살고 있는 우리에게는 남방 여왕보다, 니느웨 사람보다, 유대인들보다 더 큰 심판의 잣대가 적용될 것이다. 만약 믿고 회개하지 않는다면 우리가 받을 정죄는 더 혹독할 것이다.

적용 및 결단을 위한 질문

❶ 여러분은 남방 여왕처럼 말씀을 사모하고, 니느웨 사람들처럼 회개하기 위해 어떤 노력을 하고 있습니까?

❷ 여러분 속에 있는 빛은 밝게 빛나고 있습니까? 계속해서 그 빛이 밝게 빛나기 위해서는 무엇에 힘써야 합니까?

15 내면의 중요성

본문 누가복음 11:37-54

외울 말씀 화 있을진저 너희 바리새인이여 너희가 박하와 운향과 모든 채소의 십일조는 드리되 공의와 하나님께 대한 사랑은 버리는도다 그러나 이것도 행하고 저것도 버리지 말아야 할지니라 (42절)

도입을 위한 글

최근에 나는 범퍼에 2장의 스티커를 붙이고 다니는 트럭을 본 적이 있다. 하나는 '나는 예수님을 사랑합니다'라는 문구였고, 다른 하나는 '내 차를 건드리면 너의 얼굴을 부셔놓겠다'라는 문구였다. 아마도 차 주인은 두 스티커의 의미가 크게 대조되고 있다는 사실을 몰랐던 것 같다. 우리는 그리스도의 몸된 지체들이다. 몸은 그 사람을 나타내는 하나의 도구다. 그리스도의 몸된 교회는 그리스도께서 당신을 세상에 나타내려고 택하신 하나의 도구다. 이런 사실은 우리 모두에게 "나는 어떤 그리스도의 모습을 나타내고 있는가?"라는 질문을 하게 한다. 그리고 우리에게 다음과 같은 질문을 하게 한다. "그들이 오직 나를 통해서만 그리스도를 볼 수 있다면, 과연 그들은 내게서 무엇을 볼 것인가?"

—윌리암 맥도날드, 『잊혀진 명령 거룩하라』

도입을 위한 질문

❶ 여러분은 '나는 그리스도인입니다'라는 특별한 표시를 하고 다닙니까(예: 차 뒷면의 물고기 스티커)? 그 표시는 여러분에게 어떤 마음가짐을 갖게 만듭니까?

❷ 여러분은 오늘날 기독교가 왜 비난받고 있다고 생각합니까?

본문 질문

❶ 예수님과 점심 식사를 했던 한 바리새인은 예수님의 어떤 행동을 이상하게 여겼습니까(37-38절)?

❷ 예수님은 비록 바리새인들의 겉은 깨끗할지 모르나 속에는 무엇이 가득하다고 지적하셨습니까(39절)?

❸ 하나님은 겉과 속을 모두 중요하게 생각하십니다. 예수님은 바리새인들에게 구제할 때도 무엇으로 하라고 하셨습니까(40-41절)?

❹ 예수님은 바리새인들을 향해 "화 있을진저"라고 하시면서 재앙을 선언하셨습니다. 이는 당시 바리새인들이 어떤 삶을 살았기 때문입니까(42-44절)?

*박하와 운향과 모든 채소의 십일조(42절): 원래 구약 율법은 보리와 같은 곡물과 과일 열매에 대한 십일조를 규정하고 있다. 바리새인들은 경건의 모범을 보이기 위해 십일조를 과하게 드렸다.

❺ 다음 글을 읽고 가식적인 행동의 열매에 대해 정리해 보십시오.

교회 안에서 모범적인 성도로 인정받는 부부가 있었다. 그렇지만 막상 이들 부부의 가정은 다툼이 끊이지 않았다. 방금 전까지 다퉜다가도 겉으로는 태연하게 행동했다. 예를 들어, 어떤 부부모임에서 남편이 "제 아내는 자기가 원하는 건 사람을 들들 볶아서라도 꼭 가져야만 직성이 풀려요"라면서 미소를 짓는다. 그러면 이번엔 아내가 "제 남편은 귀가 안 들리나 봐요. 제가 쓰레기를 버려 달라고 4번을 말해야 들어줄까 말까 해요"라면서 얼굴에 웃음을 머금는다. 그러면 참석자들은 그들이 농담하고 있다고 생각한다. 사탄은 이처럼 부부의 가식적인 행동을 통해 관계를 악화시킨다. 그리고 사탄은 자신들의 문제가 무엇인지 알려고 하지 않으면서 냉전이 계속되는 가정을 너무나 좋아한다. 그 결과는 갈등과 고통임을 알기 때문이다. 그런데 이들 부부가 자신들의 문제를 보게 된 것은 하나님의 은혜였다. 그동안 얼마나 하나님을 속여 왔는지, 거짓된 미소와 농담으로 마음의 고통을 위장해 왔었는지를 보게 된 것이다. 그들은 잘못에 대한 회개와 말씀에 대한 순종으로 마음이 변화되면서 서로를 존중하게 됐다. 이 같은 사탄의 유혹과 공격은 다른 부부들에게도 똑같이 행해지고 있다. -강안삼, 「강안삼의 가정편지」

❻ 예수님께서 율법교사들을 향해 “화 있을진저”라고 선언하시며 지적하신 3가지 잘못은 무엇입니까(46-49, 52절)?

❼ 예수님은 창세 이후로 흘린 모든 선지자의 피를 누가 담당할 것이라고 하셨습니까(50-51절)?

*바리새인과 율법교사를 포함한 유대인들은 참선지자 예수님을 거부했고 죽였다. 예수님을 거부한 모습은 세상 모든 죄를 반전시키신 예수님을 거부한 것으로, 결국 모든 죄를 책임지게 되는 것이다.

❽ 서기관과 바리새인들은 예수님의 책망을 듣고 어떻게 반응했습니까(53-54절)?

더 깊은 연구와 묵상을 위하여

❶ 예수님께서 당신을 대적하는 바리새인의 초대에 계속 응하신 이유는 무엇인지 연구해 보십시오(눅 7:36).

❷ 구약 율법의 십일조 제도를 정리하면서 바리새인의 십일조가 외식인 이유를 정리해 보십시오(레 27:30-33; 신 14:22-29, 26:12-15; 말 3:8-10).

적용을 위한 글

바리새인들과 율법교사, 즉 서기관들은 그 누구보다도 예수님을 잘 따를 수 있는 조건을 갖고 있었다. 바리새인들은 예수님께서 인정하실 정도로 구약 율법을 잘 준수하고 있었고, 율법교사들은 율법에 대해 잘 알고 있었다. 하지만 그들의 마음속에는 하나님이 안 계셨다. 하나님께서 안 계시니 하나님께서 보내신 예수님도 자리를 잡으실 수 없었다. 온갖 탐욕과 욕심, 자랑과 교만, 명예와 정당성이 가득했기에 예수님께서 자리 잡으실 수 없었던 것이다. 그들은 스스로의 내면을 볼 수 있는 영안이 열리지 않았다. 다른 사람이 자신들의 죄를 지적할 때 그 말을 경청할 수 있는 여유도 없었다. 한 번도 그런 일을 해 본 적이 없었기 때문이다. 다른 사람을 가르치고 정죄하는 일에는 고수였지만, 자신을 돌아보는 일에는 형편없는 하수였던 것이다.

적용 및 결단을 위한 질문

❶ 여러분은 신앙의 겉모습만큼 신앙의 내면을 가꾸고 점검하기 위해 어떤 노력을 하고 있습니까?

❷ 여러분은 사람들에게 칭찬받기 위해 하나님의 일을 하지는 않습니까? 온전히 예수님의 제자가 되기 위해서는 어떤 자세여야 하는지 나눠 보십시오.

16 두려워해야 할 분

| 본문 누가복음 12:1-12

| 외울 말씀 마땅히 두려워할 자를 내가 너희에게 보이리니 곧 죽인 후에 또한 지옥에 던져 넣는 권세 있는 그를 두려워하라 내가 참으로 너희에게 이르노니 그를 두려워하라 (5절)

도입을 위한 글

『하나님을 추구함』이란 책으로 유명한 에이든 토저(Aiden Tozer) 박사는 오늘날 교회에서 성령님을 홀대하는 것을 심각하게 우려했다. 그는 "만약 신약 교회에서 성령님을 제외시킨다면 그들이 한 일의 95%가 중단됐을 것이다"라고 말했다. 그렇다. 오늘날 대부분의 교회는 성령님의 역사를 교회의 위원회로 대치시키고, 인위적인 프로그램을 양산한다. 교회의 주인이신 성령님은 그냥 구호로만 벽에 걸려 있으며 그분께 결재받는 일은 결코 없다. 성령님을 단지 손님 정도로만 생각하고 있다. 독일 뤼벡교회의 낡은 벽에 붙어 있는 돌판에는 「주는 우리에게 말씀하신다」라는 시가 새겨져 있다. '너희는 나를 주라 부르면서 따르지 않고, 너희는 나를 빛이라 부르면서 우러러보지 않고, 너희는 나를 길이라 부르면서 따라 걷지 않고, 너희는 나를 삶이라 부르면서 의지하지 않고, 너희는 나를 존귀하다 하면서 섬기지 않고, 너희는 나를 강하다 하면서 존경하지 않고, 너희는 나를 의롭다 하면서 두려워하지 않으니, 그런즉 너희를 꾸짖을 때 나를 탓하지 말라.' 이는 한국 교회를 향하신 주님의 호소이자 경고다.

-장자옥

도입을 위한 질문

❶ 여러분은 무엇을 두려워하며 신앙생활을 하고 있습니까?

❷ 여러분이 속한 교회에서는 무언가를 결정할 때 무엇을 가장 먼저합니까?

본문 질문

❶ 예수님은 몰려든 수만 명의 무리에 신경 쓰지 않으셨습니다. 오히려 제자들에게 집중하시면서 무엇을 주의하라고 경고하셨습니까(1절)?

*누룩: 보이지 않게 공동체에 미치는 강력한 영향력을 상징하며, 성경에서는 종종 악을 상징한다(고전 5:6).

❷ 예수님은 바리새인들의 외식이 결국은 어떻게 될 것이라고 말씀하셨습니까(2-3절)?

❸ 예수님은 장차 고난을 받게 될 제자들을 어떤 호칭으로 부르셨습니까(4절)?

❹ 예수님은 몸만 죽일 수 있는 사람이 아닌 하나님을 두려워하라고 2번이나 강조하셨습니다. 이는 하나님께 어떤 권세가 있기 때문입니까(5절)?

❺ 다음 글을 읽고 그리스도인의 항해에 대해 정리해 보십시오.

> 바다를 항해하는 선장의 믿음을 보라. 참으로 놀라운 일이 아닐 수 없다. 그는 닻을 올리고 육지로부터 멀어진다. 며칠, 몇 주, 몇 달 동안을 다른 배나 해안을 보지 못한 채 항해를 계속했다. 그래도 그는 아무 두려움 없이 항해했다. 그리고 드디어 바라던 항구에 도착했다. 아무 표시도 없는 깊은 바다 위에서 그는 어떻게 길을 찾을 수 있었을까? 그는 나침반, 달력, 망원경 그리고 하늘의 별들을 믿고서 아무것도 보이지 않는 망망대해를 건너 항구에 정확하게 들어왔다. 보이는 표적도 없이 항해한다는 것은 얼마나 놀라운 일인가? 영적인 의미에서 시각과 감정의 해안을 떠나는 일, 즉 내적 감정이나 보이는 증거 따위에 작별을 고하는 것은 복된 일이다. 하나님의 사랑의 바다에서 노를 저으며, 하나님을 믿고 하나님의 지시에 따라 하늘나라로 항해하는 것이야말로 영광스러운 일이다. 이들에게는 안전한 항해와 항구가 기다리고 있다. 나는 확신 가운데 안식을 누리고 있다. 여러분도 그리스도 예수 안에 계신 하나님을 신뢰하지 않겠는가? 우리 모두 다 함께 우리의 하나님 아버지, 우리의 구주이신 예수 그리스도를 믿자. 지금 즉시.
>
> –찰스 스펄전, 『구원의 은혜』

❻ 하나님께서 제자들을 세밀하게 돌보실 수 있는 이유는 제자들의 무엇조차도 알고 계시는 분이기 때문입니까(6–7절)?

*참새 다섯 마리가 두 앗사리온에(6절): 당시에 참새 2마리에 1앗사리온이었고, 4마리를 사면 1마리를 덤으로 줬다.

❼ 예수님은 사람 앞에서 예수님을 시인할 때와 부인할 때 각각 어떻게 된다고 말씀하셨습니까(8–9절)?

❽ 따라서 제자들은 성령님만을 의지해야 합니다. 성령님은 제자들을 어떻게 도와주십니까(11–12절)?

더 깊은 연구와 묵상을 위하여

❶ 예수님의 친구라고 불릴 수 있는 조건은 무엇입니까(요 15:13–15)?

❷ 베드로는 체포되어 공회 앞에 끌려갔을 때 어떻게 그 위기를 극복했습니까(행 4:8–13)?

적용을 위한 글

제자들이 두려워해야 할 단 한 분은 하나님이시다. 바리새인들은 사람들의 칭찬을 구하기 위해 믿음이 좋은 척했다. 반대로 제자들은 사람들의 박해를 피하기 위해 믿지 않는 척할 수 있었다. 이는 모두 사람을 두려워하는 행동에서 나오는 것이다. 그러나 그리스도인은 외식도 피해야 하지만 부인도 피해야 한다. 제자들이 해야 할 것은 자기 부인이지 예수 부인이 아니다. 하지만 걱정할 필요 없다. 하나님만 두려워하고 성령님만 의지하면 된다. 하나님은 모든 것을 알고 계시는 분이고, 하나님의 마음을 성령님께서 우리에게 가르쳐 주시고 알려 주실 것이기 때문이다. 성령님을 모욕하지 말라! 성령님을 의지하라!

적용 및 결단을 위한 질문

❶ 여러분은 바리새인들처럼 누군가에게 보이기 위한 신앙생활을 하고 있지는 않습니까? 혹은 사람들의 박해가 두려워 믿음을 숨긴 채 살아가고 있지는 않습니까? 여러분이 진정으로 두려워해야 할 분은 누구시며, 그렇기에 앞으로 어떤 삶을 살아야 할지 나눠 보십시오.

❷ 여러분은 매 순간 성령님과 동행하기 위해 어떤 노력을 하고 있습니까?

17 탐심을 물리치는 삶

본문 누가복음 12:13-21

외울 말씀 그들에게 이르시되 삼가 모든 탐심을 물리치라 사람의 생명이 그 소유의 넉넉한 데 있지 아니하니라 하시고 (15절)

도입을 위한 글

요한 크리소스톰(John Chrysostom)은 귀족 집안 출신으로 4세기 중엽 안디옥에서 태어나 당시 로마의 수도인 콘스탄티노플의 주교로 살았다. 그가 살던 도시는 사치가 극에 달한 곳이었으나, 그의 삶은 오히려 금욕적이었다. 좋은 음식을 찾지 않았고 화려한 옷을 원하지 않았다. 자주 기도하고 성경을 읽었다. 그리고는 자기 것을 사람들에게 나눠 줬다. 그에게 남은 것은 옷 한 벌뿐이었다. 그는 물질의 추구로 영혼의 눈이 진리를 떠날까 두려워했다. 그가 원하는 것은 영혼의 부요함과 참행복이었다. "깨어 있으라. 특히 욕심이 많은 사람은 정신 차려야 한다. 돈을 쥐려는 마음으로 하늘의 것을 움켜쥐어라. 세상의 것은 나누면 줄어들지만 영적인 것은 나눌수록 오히려 늘어난다. 나누지 않으면 가난해지고 큰 책망이 기다린다." 이제 크리소스톰의 방법을 시작해 보면 그 묘미를 이해할 수 있을 것이다. 우선 조금씩이라도 낭비를 줄이고 자신이 추구하는 세상적인 물질의 기준을 끌어내려라. 그러면 어느새 전보다 훨씬 풍족해진 자신의 내면을 발견할 것이다. 크리소스톰까지는 이르지 못하더라도 조금이나마 절제의 훈련을 시작해 보라.

—김기홍, 『천국의 기둥』

도입을 위한 질문

❶ 최근에 여러분이 주변 사람에게 나눠 준 것이 있다면 무엇입니까?

❷ 무엇인가를 나눠 줬을 때 어떤 감정이 들었습니까?

본문 질문

❶ 군중 속에서 뛰쳐나온 한 남자는 예수님께 무엇을 요청했습니까(13절)?

❷ 예수님은 당신을 랍비(선생)로 생각하는 그 남자의 시각에 대해 무엇이라고 말씀하셨습니까(14절)?

*재판장, 물건 나누는 자: 당시 랍비들은 모세처럼 사람들의 분쟁을 조정해 줬다.

❸ 그 남자는 겉으로는 유산 분쟁을 조정하려고 했지만, 속마음에는 무엇이 가득했습니까(15절)?

❹ 예수님의 비유 속 부자는 풍년이 들자 무엇을 할 생각부터 했습니까(16–18절)?

❺ 다음 글을 읽고 나누는 삶에 대해 정리해 보십시오.

예수님의 생애는 나눔의 생애였다. 주님은 진리도 지혜도 사랑도 나눠 주셨다. 예수님의 나눔에 대한 묵상을 하면서 이해인 시인은 이렇게 기도했다. "주님, 당신의 생애는 그렇게도 철저한 나눔의 생애로 부서졌건만, 우리의 날들은 어찌 이리 소유를 위해서만 숨이 차게 바쁜지 시시로 당신 앞에 성찰하게 하소서. 진정 당신 안에서가 아니면 나눔의 참뜻을 알지 못하는 우리에게 당신이 세상에서 모범을 보이신 대로 아낌없이 모든 것 내어 주고도 한 끝의 후회가 없는 너그럽고 순수한 마음을 주소서." 나눔은 소유의 많음에 있기보다 존재의 넉넉함에 있다. 마음의 여유, 내면의 충만을 누리는 자만이 나눔을 실천할 수 있다. 나눔은 물질의 양의 문제가 아니라 성품의 문제다. 나눔은 사랑할 때 가능하다. 사랑하는 대상에게는 항상 나눌 것이 있다. 주고 또 주고도 줄 것이 남는 연인들의 마음처럼, 더 주지 못해 안달하는 사랑이 가득한 마음처럼 말이다. 나눔은 생명의 원리다. 나눔은 희생으로 시작되지만 풍성함으로 열매를 맺는다. 기쁨은 나눌 때 배가 되고, 슬픔은 나눌 때 절감된다. 깊은 샘물을 퍼내면 퍼낼수록 맑은 물이 올라오듯이, 우리의 삶은 나눔으로 더 풍성해진다.

–강준민, 『꿈꾸는 자가 오는도다』

❻ 그 부자는 무엇을 쌓아 두면 영혼의 부요함이 찾아올 것이라고 생각했습니까(19절)?

❼ 하나님은 더 큰 곳간을 지으려는 부자를 어떤 자라고 하셨습니까(20절)?

❽ 자기를 위하여 재물을 쌓아 두는 사람은 하나님께 대하여 어떤 사람입니까(21절)?

더 깊은 연구와 묵상을 위하여

❶ 하나님을 인간의 문제나 해결해 주시는 분으로 믿는 것은 기복신앙입니다. 예수님은 기복신앙에 대해 어떻게 말씀하셨는지 정리해 보십시오(14절).

❷ 성도는 노후 준비를 넘어 죽음 준비와 사후 준비를 하는 사람들입니다. 성도가 죽음과 사후를 위해 무엇을 준비해야 하는지 묵상해 보십시오(딤전 6:17-19).

적용을 위한 글

사람에게는 누구나 탐심이 있다. 돈에 대한 탐심, 명예에 대한 탐심, 사랑과 인정에 대한 탐심, 물건에 대한 탐심, 일에 대한 탐심 등 그 대상만 다를 뿐 사람은 탐심에서 자유로울 수 없다. 하지만 예수님은 탐심을 물리치라고 명령하셨다. 물리칠 수 있기 때문에 물리치라고 하신 것이다. 예수님은 탐심을 물리치셨다. 공생애를 시작하시면서 광야에서 탐심에 관한 3가지 시험을 받으셨을 때 모두 물리치셨다. 예수님은 성령과 말씀으로 탐심을 물리치셨다. 우리도 예수님처럼 성령과 말씀으로 탐심을 몰아내야 한다.

적용 및 결단을 위한 질문

❶ 여러분은 어떤 탐심과 계속해서 싸우고 있습니까? 그것을 물리치기 위해 어떤 노력을 하고 있습니까?

❷ 여러분은 죽음 이후의 삶을 준비하기 위해 어떤 일에 힘쓰고 있습니까?

18 염려하지 말아야 할 이유

본문 누가복음 12:22-34

외울 말씀 다만 너희는 그의 나라를 구하라 그리하면 이런 것들을 너희에게 더하시리라 (31절)

도입을 위한 글

세상에 염려가 없는 사람은 한 명도 없을 것이다. 염려는 마음을 으스러뜨리고 몸도 망가뜨린다(잠 17:22). 현대인의 질병 가운데 '신경성'이라는 말이 붙은 질병이 얼마나 많은지 모른다. 신경성 위궤양, 신경성 관절염, 신경성 심장병, 심지어 신경성 기침까지 있다. 제2차 세계대전 당시 미군 전사자가 35만 명이었는데, 참전한 자식이나 남편 때문에 염려하다 심장병에 걸려 죽은 사람이 무려 100만 명 가까이 된다고 한다. 염려가 전쟁보다 무서운 셈이다. 염려는 몸과 마음을 망가뜨릴 뿐만 아니라 삶 전체를 망가뜨린다. 그래서 어느 심리학자는 이렇게 말했다. "염려는 인간을 서서히 죽이는 느린 형태의 자살 행위다." 그러므로 행복한 삶을 살려면 반드시 염려를 떨쳐 버려야 한다. 세상 사람들은 흡연, 음주, 신경안정제 등으로 이겨 보려 하지만 이는 임시방편에 불과하다. 사도 바울은 감옥에서도 염려하는 대신 기뻐했다. 어떻게 이것이 가능했는가? 그 비결은 바로 기도였다. 기도는 염려의 특효약이다. 기도하면 자기도 모르는 사이에 하나님께서 주시는 평안으로 마음속이 가득 채워진다(빌 4:6-7). '기도하면 염려하지 않고, 기도하지 않으면 염려한다'(Prayer, No Worry. No Prayer, Worry).

—홍문수

도입을 위한 질문

❶ 요즘 여러분이 염려하고 근심하는 것은 무엇입니까?

❷ 여러분은 현재 갖고 있는 염려와 근심을 이겨 내기 위해 어떤 노력을 하고 있습니까?

본문 질문

❶ 예수님은 제자가 되기 위해 모든 것을 포기한 제자들에게 무엇을 염려하지 말라고 하셨습니까(22-23절)?

❷ 예수님은 현실의 문제에 골몰해 있는 제자들에게 무엇을 생각해 보라고 하셨습니까(24, 27절)?

*까마귀, 백합화(24, 27절): 유대인들은 까마귀를 지저분한 새라고 인식했다. 백합화와 같은 야생화는 마른 후 땔감으로 사용했다. 둘 다 사람들에게는 하찮게 여겨졌지만, 하나님은 귀하게 보호하셨다.

❸ 예수님께서 제자들에게 "얼마나 더 귀하냐"(24절), "하물며 너희일까보냐"(28절)라고 책망하신 이유는 제자들에게 무엇이 부족했기 때문입니까(24-28절)?

❹ 먹고 마실 것에 대해 근심하는 것은 누구의 모습입니까(29-30절)?

❺ 다음 글을 읽고 염려로부터 자유로워지는 법에 대해 정리해 보십시오.

> 한 그리스도인 사업가가 있었다. 하루는 너무 힘이 들어 기도하는 가운데 좋은 아이디어가 생겼다. '수요 염려 상자'라는 상자를 만들어 놓고 염려거리가 생기면 종이에 쓰는 것이다. '다음 주 수요일까지 어음 2,000만 원 막아야 됨'이라고 써서 상자에 넣고 그날까지는 염려를 안 하는 것이다. 대신 수요일이 되면 그날만 염려하기로 작정했다. 얼마 후 수요일이 돼 상자를 열었다. 그런데 재미있는 것이 발견됐다. 지난 금요일에 너무 근심이 돼서 염려 상자에 넣어 놓았던 문제 중 하나가 이미 해결돼 있었던 것이다. 자신은 어떤 노력도 하지 않았는데도 말이다. 그는 이후 『수요 염려 상자』라는 책을 썼다. 책의 결론은 이것이었다. '염려는 아무 효험이 없다. 염려는 무익하다.' 우리 몸에 건강을 위협하는 바이러스가 침투하면 병에 걸리듯이, 염려는 마음에 병을 가져오는 바이러스다. 질병의 원인인 염려와 근심을 버리고 살자.
>
> —박건

❻ 하나님의 백성들은 세상 백성들과 달리 무엇을 추구하는 사람입니까(31절)?

❼ 아버지 되신 하나님은 우리에게 필요한 것이 무엇인지 아실 뿐만 아니라 어떤 것을 주시기를 기뻐하시는 분입니까(32절)?

❽ 제자들은 보물을 어디에 쌓아 두어야 합니까(33-34절)?

더 깊은 연구와 묵상을 위하여

❶ 하나님은 지금껏 우리 자신이나 가족에게 필요한 것을 충족시켜 주시는 일에 실패한 적이 있으십니까(빌 4:19)?

❷ "무엇을 먹을까 무엇을 마실까 하여 구하지 말며 근심하지도 말라"(29절)는 말씀은 노동을 멈추고 게으르게 하늘만 쳐다보라는 말씀입니까(살후 3:10)?

적용을 위한 글

제자들은 현실적인 문제로 염려하고 있었다. 예수님을 따르긴 하지만 먹는 문제, 입는 문제가 늘 근심거리였다. 뭔가 확실한 것이 없었다. 확실한 미래도 없었다. 예수님은 이런 제자들에게 하나님 아버지만을 믿고 신뢰하라고 하셨다. 현실 문제 위에 계시는 하나님을 생각하고 바라보라고 하셨다. 하나님은 세상에서 가장 하찮게 여겨지는 피조물도 먹이시고 입히시는 분이다. 하나님은 당신의 형상으로 창조된 인간 중에서도 특별히 고르고 뽑으신 제자들을 굶게 하시고 헐벗게 하실 분이 아니셨다. 땅에서의 삶에 너무 골몰하지 말자. 우리는 하나님의 나라에 더 관심을 가져야 할 하나님의 백성들이다. 땅에 보물을 쌓아 두지 말자. 하늘의 보물을 위해 일하자.

적용 및 결단을 위한 질문

❶ 여러분의 염려와 근심이 세상에 대한 것에서 하나님 나라에 대한 것으로 바꾸기 위해서는 어떤 노력이 필요합니까?

❷ 여러분은 하늘의 보물을 쌓아 두기 위해 무엇을 실천하겠습니까?

19 깨어 준비하는 삶

본문 누가복음 12:35-48

외울 말씀 허리에 띠를 띠고 등불을 켜고 서 있으라 (35절)

도입을 위한 글

어느 날, 한 임금이 갑자기 죽었다. 그가 죽자 신하들은 임금의 시신을 앞에 두고 다음과 같은 대화를 나눴다. "과연 임금님이 천국에 가셨을까, 못 가셨을까?" 그러자 평소에 임금에게 고마운 마음이 있던 신하는 "천국에 가셨을 거야"라고 말했고, 임금에게 서운한 마음이 있던 신하는 "천국에 못 가셨을 거야"라고 말했다. 그때 옆에 있던 다른 한 신하가 입을 열었다. "아마 임금님은 천국에 못 가셨을 거야." 의아하게 생각한 다른 신하들이 어떤 이유로 그렇게 생각하는지 물었다. 그러자 그는 이렇게 대답했다. "천국은 아주 먼 곳인데, 임금님은 생전에 단 한 번도 천국에 대해 말씀하신 적이 없거든. 준비 없이는 절대로 여행을 떠나지 않으시는 분이잖아." 우리는 예수 그리스도를 구세주로 믿어 천국에 갈 수 있다는 확실한 소망을 가져야 한다. 그리고 오늘 밤 주님께서 천국에서 부르신다면 망설임 없이 갈 수 있을 만큼 준비하고 있어야 한다. 천국의 시민으로서 확신을 갖고 하나님을 만나게 되는 그날을 준비하자. 천국에 갈 준비가 확실히 돼 있는가? -김장환, 『큐티365』

도입을 위한 질문

❶ 여러분은 손님을 맞이하기 전에 주로 무엇을 준비합니까?

❷ 예수님께서 다시 오시는 날을 대비하며 무엇을 준비해야 합니까?

본문 질문

❶ 예수님은 제자들에게 어떤 사람과 같이 무엇을 하라고 하셨습니까(35–36절)?

*허리에 띠를 띠고(35절): 바로 활동할 수 있도록 준비하고 있으라는 의미다. 쉴 때는 겉옷의 띠를 풀고 있었다.

❷ 깊은 밤에도 주인을 섬긴 종들에게는 어떤 보상이 주어집니까(37–38절)?

*이경, 삼경(38절): 밤을 다섯으로 나눴을 때 이경은 밤 9–11시, 삼경은 밤 11–1시다.

❸ 예수님은 누구처럼 언제 재림할 것이라고 말씀하셨습니까(39-40절)?

❹ 베드로가 비유의 적용 대상자가 누구냐고 묻자, 예수님은 제자들을 누구에 빗대어 대답해 주셨습니까(41-42절)?

❺ 다음 글을 읽고 준비하는 인생에 어떤 유익이 있는지에 대해 정리해 보십시오.

본격적인 추위가 찾아오면 동물들은 활동을 줄이고 지방을 많이 비축하면서 동면 준비에 들어간다. 식물은 나뭇잎의 엽록소가 사라지게 해 단풍으로 만든 후 낙엽으로 만든다. 엽록소 대신 안토시아닌 계통의 색소가 많아지면 붉은색을 띠고, 크산토필 계통의 색소가 많아지면 노란색이 된다. 잎이 떨어지므로 영양분은 뿌리나 줄기에 저장된다. 또 나무는 자신이 얼지 않기 위해 물이 가지 끝까지 공급되지 않도록 한다. 그랬다가 다시 봄이 되면 동물들은 활동을 시작하고 식물에도 물이 오른다. 사람도 겨울이 되면 갖가지 준비를 한다. 김장을 하고, 연탄을 쌓아 두고, 배추와 무를 땅속에 묻고, 문풍지를 붙이고, 솜이불을 꺼낸다. 언덕길에는 모래함과 염화칼슘을 준비해 놓고 눈 피해에 대비한다. 이런 겨울 준비도 필요하지만 무엇보다 인생의 겨울을 준비하는 슬기가 필요하다. 우리 인생의 겨울은 순식간에 찾아오기 때문이다.

-이성희

❻ 지혜 있고 진실한 청지기는 주인이 이를 때에 어떤 보상을 받습니까(42-44절)?

❼ 신실하지 않은 청지기는 주인이 이를 때에 어떤 벌을 받습니까(45-46절)?

❽ 주인의 뜻을 알고도 준비하지 않은 종은 어떤 법칙에 따라 처벌받게 됩니까(47-48절)?

더 깊은 연구와 묵상을 위하여

❶ 복음서 외의 다른 신약 성경은 예수님의 재림 시점에 대해 무엇이라고 말씀하는지 연구해 보십시오(바울서신- 살전 5:2, 공동서신- 벧후 3:10, 예언서-계 16:15).

❷ 하나님은 지금도 어떤 사람을 찾고 계시는지 묵상해 보십시오(대하 16:9).

적용을 위한 글

제자는 청지기 의식을 갖고 살아야 한다. 청지기는 주인이 아니다. 청지기는 주인이 맡겨 주신 것을 잠시 관리할 뿐이다. 건강, 돈, 공동체 내에서의 위치와 명예, 재능, 자원, 인맥 등 우리의 소유라고 생각하는 모든 것은 주인이신 하나님께서 맡겨 주신 것이다. 우리는 그것을 주인의 계획대로 사용해야 한다. 하나님은 모든 인간이 지구 공동체 안에서 양식을 먹으며 평안 가운데 거하기를 원하신다. 예수님의 제자들은 이 일을 해야 한다. 영적 양식과 육적 양식이 없어 굶주리는 자들을 향해 양식을 나눠 주는 사역을 해야 한다. 이 일을 하지 않을 경우 벌을 받을 수 있다. 주님께서 다시 오시는 그날에.

적용 및 결단을 위한 질문

❶ 여러분은 주님의 재림을 준비하기 위해 어떤 일에 더욱 힘써야 합니까?

❷ 여러분은 지혜롭고 신실한 청지기입니까, 아니면 어리석고 신실하지 않은 청지기입니까? 하나님께서 원하시는 청지기의 삶을 살기 위해 어떤 노력을 해야 하는지 이야기해 보십시오.

20 시대를 분간하는 지혜

본문 누가복음 12:49-59

외울 말씀 외식하는 자여 너희가 천지의 기상은 분간할 줄 알면서 어찌 이 시대는 분간하지 못하느냐 (56절)

도입을 위한 글

'세월을 아끼라'는 말은 자신에게 주어진 모든 기회의 포착과 그것을 최대한 활용하는 것의 중요성을 의미한다. 그러나 많은 사람이 그런 삶을 살지 못하고 있다. 무엇을 위한 기회의 포착과 활용이냐는 점을 간과하며 살고 있기 때문이다. 이 부분은 그리스도인의 '소명과 사명'을 다하는 삶과 밀접한 관계가 있다. 하나님께서 자신에게 주신 역할을 분명히 알고 맡겨진 사명을 정확히 이해할 때, 기회를 분별해서 그 기회를 극대화할 수 있다. 인생의 존재 이유와 목적이 분명해야 삶에서 성공을 거둘 수 있다. 그리스도인으로 세상을 살아가며 만나는 사람들과 사건들을 기회라는 측면에서 바라봐야 한다. 단순히 자신의 커리어(career) 측면뿐만 아니라 우리를 향한 하나님의 기대를 잊어서는 안 된다. 시간 관리가 결국 자기 관리라는 표현으로 귀결된다는 것을 생각하며 각자에게 질문을 던져 보기를 원한다. 나는 오늘 무엇을 위해(소명과 사명) 나를 어떻게 관리하고 있는가(세월을 아끼고 있는가)?

–박성민

도입을 위한 질문

❶ 예수님도 답답함이나 두려움 같은 감정을 느끼셨을 것으로 생각합니까? 그렇게 생각하는 이유는 무엇입니까?

❷ 여러분은 하루 중 했던 행동들에 대해 옳고 그름을 돌아보는 시간을 갖고 있습니까? 그 시간은 여러분의 삶에 어떤 영향을 주고 있습니까?

본문 질문

❶ 예수님은 무엇을 땅에 던지러 오셨습니까(49절)?

*이 불이 이미 붙었으면: 예수님 이전에는 심판의 불이 아직 붙지 않았다는 뜻이다.

❷ 예수님은 심판의 불 세례 받을 것을 예고하시면서 마음이 어떠하다고 말씀하셨습니까(50절)?

❸ 예수님은 당신으로 인해 무엇이 일어날 수도 있다고 하셨습니까(51절)?

❹ 믿는 자와 믿지 않는 자 사이의 갈등과 나뉨은 어디에서도 일어날 수 있습니까(52-53절)?

❺ 다음 글을 읽고 그리스도인이 분별해야 할 영역에 대해 정리해 보십시오.

샤를 드 몽테스키외(Charles de Montesquieu)는 삼권 분립 이론을 만들고 '법의 정신'이라는 명작을 남겨 미국의 독립에까지 영향을 준 프랑스의 유명한 사상가이자 계몽철학자다. 그는 사리분별이 뛰어나 고등법원의 평정관으로 일하면서도 누군가의 원망을 사는 일이 거의 없었다. 그는 자신이 일을 분별할 때는 다음과 같은 원칙이 있다고 말했다. "나 자신에게 유익한 일이어도 가족에게 해로운 일이라면 그것을 하지 않습니다. 내 가족에게 유익해도 조국에 해로운 일이라면 그 역시 하지 않습니다. 또한 조국에 유익해도 전 세계에 해로운 일이라면 그 역시도 하지 않습니다. 물론 이것을 항상 지키기는 어렵고 또 그것들을 판단하는 것도 쉽지 않습니다. 그러나 이런 원칙을 지키려고 노력했을 때 나와 주변인들 모두 만족할 수 있었습니다." 우리의 일과 행동에 사리분별을 밝게 하기 위해서는 사고의 영역을 더 넓게 확장해야 한다. 몽테스키외는 자신을 넘어 전 세계로까지 그 영역을 지금보다 확장했다. 예수님을 따르는 우리는 성경과 신앙의 영역까지 확장해야 한다. 아무리 유익해도 말씀과 신앙에 해가 되는 일은 과감히 거절하자.

-김장환, 『큐티365』

❻ 보이는 것에만 관심을 갖는 외식하는 자들은 천지의 기상은 분간해도 무엇은 분간할 줄 모릅니까(54-56절)?

❼ 예수님은 무리에게 무엇을 스스로 판단하지 않느냐고 책망하셨습니까(57절)?

❽ 예수님은 재판장(하나님) 앞에서 최종 심판을 받기 전에 길에서 만난 고발하는 자(예수님)와 무엇 하기를 힘쓰라고 하셨습니까(58-59절)?

더 깊은 연구와 묵상을 위하여

❶ 십자가의 고난을 앞두신 예수님의 답답함은 어느 정도였는지 연구해 보십시오(눅 22:44).

❷ 하나님은 외식하는 구약 시대의 이스라엘 백성들을 바라보시면서 무엇이라고 탄식하셨는지 묵상해 보십시오(사 1:3).

적용을 위한 글

예수님 당시나 오늘날의 사람들 모두 눈에 보이는 것에만 관심이 많다. 주식의 동향, 정치의 판세, 사회의 흐름 등을 열심히 분석하고 예측한다. 하지만 정작 관심을 가져야 할 자신의 영혼 상태에 대해서는 분간하지 못한다. 더불어 하나님의 때도 분간하지 못한다. 당시 사람들은 예수님께서 메시아이신 줄 몰랐다. 그렇게 많은 기적과 말씀을 베풀었음에도 하나님께서 보내신 메시아이심을 깨닫지 못했다. 그들은 예수님을 통해 임하게 될 하나님의 심판을 예측하지 못하는 영적 소경이었다. 정작 판단하고 분간해야 할 중요한 문제들을 뒷전으로 미룬 채 남을 판단하고 정죄하는 외식하는 자가 되지 말아야 한다.

적용 및 결단을 위한 질문

❶ 여러분은 예수님을 믿기로 한 선택 때문에 가까운 사람으로부터 외면당한 적이 있습니까? 그때 어떻게 반응했습니까?

❷ 여러분은 악한 시대를 분간하면서 하나님과 화해하기 위해 어떤 노력을 하고 있습니까?

21 회개의 중요성

본문 누가복음 13:1-9

외울 말씀 너희에게 이르노니 아니라 너희도 만일 회개하지 아니하면 다 이와 같이 망하리라 (5절)

도입을 위한 글

여러분이 '진짜 회개'로 '진짜 구원'을 받았다면 여러분은 매사에 기쁘고 감사가 넘치며 말씀을 읽고 기도하는 일이 가장 행복할 것이다. 그런데 지금 여러분의 상태는 어떤가? 감사보다 불평이, 기쁨보다 근심이, 사랑보다 미움이 더 많지 않은가? 성경을 읽는 것보다 다른 것들을 더 즐기고 있지 않은가? 기도하는 것보다 사람과 이야기하는 데서 더 위로를 받고 있지 않은가? 여러분이 그런 상태라면, 여러분이 받았다고 굳게 믿고 있는 '구원'을 다시 한번 냉정하게 살펴보고 스스로 확증해 보라. 여러분의 마음을 깊이 살피라. 하나님께서 여러분을 철저히 다루실 때까지 쉬지 마라. 교회 다니고 세례만 받으면 구원받는다고 생각하는 사람, 교회 봉사 잘하고 직분자면 다 구원받았다고 생각하는 사람, 말씀은 들어서 알아도 하나님의 말씀대로 행하지 않는 사람, 회개했다고 하지만 삶에서 회개에 합당한 열매가 없는 사람. 여러분은 아직 돌이키지 않았다! 구원에 이르는 회개를 하라!

–조셉 얼라인, 『돌이켜 회개하라』

도입을 위한 질문

❶ 여러분은 그리스도인으로서 세상 사람과 어떤 점이 다릅니까?

❷ 여러분은 회개가 마음의 현상이라고 생각합니까, 아니면 삶의 변화라고 생각합니까? 그렇게 생각하는 이유는 무엇입니까?

본문 질문

❶ 두어 사람이 와서 예수님을 곤경에 빠뜨리려는 의도로 과거에 빌라도가 저지른 악행을 고발했습니다. 그 내용은 무엇입니까(1절)?

❷ 당시 유대인들은 학살당한 갈릴리 사람들이 죄가 더 많았기 때문에 재난을 당했다고 생각했습니다. 예수님은 이에 대해 어떻게 말씀하셨습니까(2–3절)?

*당시 유대인들은 모든 일은 인과응보(모든 결과에는 반드시 원인이 있다)의 법칙에 의해 일어난다고 생각했다.

❸ 실로암 망대의 붕괴로 죽은 18명의 사람들은 예루살렘에 거한 다른 모든 사람보다 죄가 더 많아서 죽은 것입니까(4–5절)?

❹ 예수님은 인간을 죄가 많은 사람과 죄가 적은 사람으로 나눌 수 없다고 말씀하셨습니다. 회개하지 않으면 다 어떻게 된다고 말씀하셨습니까(5절)?

❺ 다음 글을 읽고 재난에 취해야 할 태도에 대해 정리해 보십시오.

신앙인은 재난에 대해 어떤 태도를 취해야 할까? 첫째, 징계로 당하는 재난이라면 회개하고 행위나 생각을 하나님의 기준에 맞춰야 한다. 둘째, 연단으로서의 재난이면 하나님의 주권을 전적으로 인정하고 훈련을 받아 성숙한 신앙인이 돼야 한다. 이는 인과응보적 재난이 아니다. 역사의 주관자의 뜻에 의한 것이다. 하나님은 재난도 훈련의 수단으로 사용하신다. 욥은 심각한 재난을 당했다. 성경은 욥에 대해 “온전하고 정직하여 하나님을 경외하며 악에서 떠난 자”(욥 1:1)라고 말씀한다. 고난의 원인이 죄가 아니라는 것이다. 욥은 그 엄청난 재난 가운데서도 신앙의 길을 묵묵히 걸어갔다. 그 고난의 과정을 통해, 인과응보의 관점에서 정죄하는 친구들의 허물을 드러냈다. 베드로 사도는 “너희 믿음의 확실함은 불로 연단하여도 없어질 금보다 더 귀하여 예수 그리스도께서 나타나실 때에 칭찬과 영광과 존귀를 얻게 할 것이니라”(벧전 1:7)고 기록하고 있다. 재난이라는 용광로를 통과하며 겸손하게 하나님의 주권적 뜻을 발견해야 한다. 마지막으로 셋째, 속량적 재난이라면 영광스런 천국을 바라보며 기쁨으로 감내해야 한다. 재난을 받을 만한 잘못이 있기 때문에 당하는 것이 아니다. 과거의 결과가 아니라 미래의 원인 때문이다. 즉, 하나님의 영광을 드러내기 위한 것이다. —김필곤

❻ 포도원의 주인 되신 하나님은 무화과나무인 하나님의 백성들에게 무엇을 기대하고 원하십니까(6절)?

❼ 열매 맺지 못하는 하나님의 백성은 나중에 어떻게 될 가능성이 있습니까(7절)?

❽ 포도원지기이신 예수님은 지금도 주인 되신 하나님께 어떤 간청을 드리고 계십니까(8-9절)?

더 깊은 연구와 묵상을 위하여

❶ 인간의 모든 재난은 인과응보의 법칙에 따라 일어나는 하나님의 심판입니까? 욥기를 통해 묵상해 보십시오.

❷ 회개에 합당한 열매를 맺지 못하는 나무의 운명은 결국 어떻게 됩니까? 이는 누구를 상징하는 것인지 연구해 보십시오(눅 3:9, 6:43-45, 8:4-15).

적용을 위한 글

모든 사람은 다 똑같은 죄인이다. 죄가 더 많거나 더 적은 사람은 없다. 예수님 당시 유대인들은 인과응보의 법칙에 따라 세상이 움직인다고 생각했다. 죄가 있으면 벌을 받는다는 고정관념에 빠져 모든 재난을 이해했다. 그래서 빌라도에 의해 학살당한 갈릴리 순례자들도 다른 사람보다 죄가 많은 사람들이었다고 생각했다. 실로암 망대의 붕괴로 죽은 18명도 다른 사람보다 죄가 많았다고 생각했다. 하지만 예수님은 그런 사상은 진리가 아닌 거짓이라고 말씀하셨다. 모든 사람은 하나님 앞에서 다 똑같다. 회개하면 생명을 얻고, 회개하지 않으면 망할 뿐이다.

적용 및 결단을 위한 질문

❶ 여러분은 인과응보의 법칙에 묶여 죄책감 속에 살아가고 있지는 않습니까? 이에 대해 교훈하신 예수님의 말씀을 통해, 여러분이 깨달은 점은 무엇인지 나눠 보십시오.

❷ 여러분은 경건의 능력이라는 열매를 맺기 위해 어떤 거름을 주고 있습니까?

22 매임에서 푸는 것

본문 누가복음 13:10-17

외울 말씀 그러면 열여덟 해 동안 사탄에게 매인 바 된 이 아브라함의 딸을 안식일에 이 매임에서 푸는 것이 합당하지 아니하냐 (16절)

도입을 위한 글

얼마 전, 토드 화이트(Todd White)라는 거리의 치유사역자가 예수님의 이름으로 길거리에서 질병을 고치는 모습을 동영상으로 보고 충격을 받았다. 그는 선한 눈빛과 턱에 일자로 기른 수염을 가진 지극히 평범한 인물이었다. 하지만 그의 과거는 문제 투성이었다. 그는 무신론자로 미 해병대에서 군 생활을 하다가 쫓겨나기도 했고, 22년 동안이나 마약중독에 걸려 있었다. 그러던 어느 날, 그는 시편 23편을 읽다가 살아 계신 예수 그리스도의 음성을 듣고 그 손길을 체험한 후 치유의 은사가 생겼다고 한다. 그가 길거리에서 환자들을 놓고 예수님의 이름으로 기도하면 순식간에 짧은 다리가 1인치 정도 길어지기도 하고, 한쪽 눈이 거의 안 보였던 사람도 정상적으로 시력이 회복됐다. 휠체어를 타고 다니던 어떤 장애인이 그의 기도를 받고 자리에서 일어나 걷기도 했다. 초대 교회의 기적이 일어나는 사건이 아닐 수 없었다. 그 장애인은 기도를 받기 전에 한쪽 무릎에 철심이 2개나 박혀 있어서 다리를 구부릴 수도 없었는데 병원에 가서 확인한 결과 그 철심이 완전히 사라졌고, 다리도 정상으로 회복됐다. 담당 의사들도 기적이라고 하면서 놀랄 정도였다.

—김학규

도입을 위한 질문

❶ 여러분은 오늘날에도 성경 속 기적들이 일어날 수 있다고 생각합니까? 그렇게 생각하는 이유는 무엇입니까?

❷ 하나님께서 여러분에게 가장 크게 기대하시는 것은 무엇이라고 생각합니까?

본문 질문

❶ 예수님은 언제 어디에서 가르치셨습니까(10절)?

*안식일은 유대인들만의 특별한 날이며, 회당은 유대인들만의 공간이었다.

❷ 예수님께서 가르치시던 도중에 주목하신 여자가 있었는데, 그 여자의 영육 상태는 어땠습니까(11절)?

❸ 예수님은 무질서와 혼돈에 지배당하던 여자를 향해 무엇이라고 선언하셨습니까(12절)?

❹ 진정한 자유를 맛본 여자의 육체와 영혼은 어떻게 변화됐습니까(13절)?

❺ 다음 글을 읽고 진정한 치유의 능력인 사랑에 대해 정리해 보십시오.

인도의 존 카르메건(John Karmegan)이라는 나병 환자의 이야기다. 존은 처음부터 말썽꾸러기였다. 우리는 존이 마을에서 다른 아이들의 물건을 훔치는 것을 여러 차례 잡았다. 그는 동료 환자들을 잔인하게 대했으며 모든 권위를 부정했다. 심지어 배가 아프다고 데모를 일으키기도 했다. 대부분의 사람들이 그를 재활이 불가능한 사람이라고 생각했다. 그러나 브랜드(Brand) 할머니만이 그를 보살피며 그와 함께 많은 시간을 보내셨다. 결국 그는 그리스도인이 됐다. 그러나 회심이 존의 인격에 즉각적인 영향을 미치지는 못했다. 그러던 어느 날이었다. 벨로어에 있는 타밀 교회에 허락을 얻어 존을 데리고 예배에 참석했다. 회중이 일어서서 첫 번째 찬송을 부를 때 한 인도인이 몸을 180도 돌리더니 우리를 봤다. 우리의 모습은 어울리지 않는 한 쌍이었다. 어떤 외국인이 흉측한 피부의 나병 환자와 나란히 있었으니 말이다. 그런데 그 순간 인도인이 찬송가를 내려놓더니 환하게 웃으면서 자기 옆자리를 가리키며 존에게 오라고 손짓했다. 존의 놀라움은 말로 표현할 수 없었다. 머뭇거리던 그는 발을 질질 끌며 그 사람이 앉아 있는 곳으로 갔다. 그 사건이 존의 생애에서 전환점이 됐다. 의학적 치료, 애정 어린 보살핌, 재활 훈련 등이 나름대로 도움을 주긴 했으나 그를 진정으로 변화시킨 것은, 불구가 된 그리스도인 형제에게 자기와 함께 떡을 떼자고 손짓한 나그네의 초청이었다.

—폴 브랜드 · 필립 얀시, 『고통이라는 선물』

❻ 회당장은 예수님의 병 고치심을 본 후 어떻게 반응했습니까(14절)?

❼ 예수님은 고침 받은 여자를 안식일에 풀어 주는 소나 나귀보다 더 귀한 존재라고 말씀하시면서, 여자에 대해 어떤 호칭을 사용하셨습니까(15-16절)?

*아브라함의 언약을 계승하는 하나님의 백성이 됐음을 선언한 것이다.

❽ 예수님의 가르침과 고치심을 통해 임하게 된 하나님의 나라를 목격한 사람들의 반응은 각각 어땠습니까(17절)?

더 깊은 연구와 묵상을 위하여

❶ 예수님의 가르치심과 고치심은 하나님의 나라와 어떤 연관성이 있는지 연구해 보십시오(마 4:23).

❷ "풀어내어 이끌고 가서"(15절)와 "매임에서 푸는 것"(16절)은 서로 어떤 관계가 있는지 묵상해 보십시오.

적용을 위한 글

예수님은 회당장의 사랑 없는 종교행위에 대해 경고하셨다. 그리고 사랑이 없는 율법주의를 책망하셨다. 예수님은 지금도 교회가 사랑 없이 행하는 모든 행위들을 거부하신다. 예수님은 우리에게 사랑을 기대하신다. 사랑이 없으면 아무것도 아니라는 말씀을 기억하라. 회당장은 하나님의 뜻을 빙자해 자기 만족을 채우려는 사람이었다. 예수님은 병든 여자를 괄시했던 유대인들에 대해서도 경고하셨다. 그들은 그녀의 병이 죄 때문이라고 생각했고 그녀의 고통이 당연하다고 생각했다. 하지만 예수님은 그녀의 병이 무질서와 혼돈의 세력인 사탄 때문이었다고 분명하게 말씀하셨다.

적용 및 결단을 위한 질문

❶ 여러분의 신앙 행위(예배, 봉사 등) 속에는 사랑이 녹아들어 있습니까? 그동안의 모습을 살펴본 후, 사랑이 더 가득해지기 위해서는 무엇이 필요한지 이야기해 보십시오.

❷ 여러분은 "ㅇㅇ여 네가 네 ㅇㅇ에서 놓였다"라는 예수님의 선언을 계속 체험하고 있습니까? 이 체험을 많은 사람에게 고백하며 하나님의 나라를 전하는 시간을 가져 보십시오.

23 좁은 문

본문 누가복음 13:18-30

외울 말씀 좁은 문으로 들어가기를 힘쓰라 내가 너희에게 이르노니 들어가기를 구하여도 못하는 자가 많으리라 (24절)

도입을 위한 글

예수 그리스도를 따르는 신앙의 길은 생명의 길이다. 그런데 대다수의 사람들은 예나 지금이나 그 길로 가지 않으려 한다. 심지어 교회는 다녀도 좁은 길로는 가지 않는다. 오히려 많은 사람이 멸망과 죽음으로 난 길로 간다. 불행한 일이다. 그렇다면, 사람들은 왜 이런 불행을 자처하는가? 불신앙과 죄의 습성이 어둠과 죄를 즐거워하도록 자기 영혼을 길들여 놓았기 때문이다. 김유신은 어느 날 말 위에서 잠이 들었는데, 깨어 보니 자기 집이 아니라 기생의 집에 도착해 있었다. 그리고 모두가 알고 있듯이 김유신은 아끼던 말의 목을 베었다. 우리는 죽음의 길로 가도록 길들여 놓은 자기 자신을 죽일 수 있어야 한다. 그리고 생명의 길로 나가는 습성을 들여야 한다. 생명으로 인도하는 문은 입구는 좁으나, 그 안은 크고 넓으며 한없이 자유롭고 끝없이 기쁘고 평안하다. 반대로 멸망으로 가는 문은 입구가 크고 넓으나, 그 안으로 들어가면 비좁고 갑갑하고 부자유하고 고통스럽게 된다. 오늘 여러분은 어느 문으로 갈 것인가?

—이주연

도입을 위한 질문

❶ 여러분이 처음 예수님을 믿었을 때와 지금의 모습을 비교했을 때 달라지고 성숙해진 부분은 무엇입니까?

❷ 현재 여러분은 생명으로 가는 좁은 문을 향해 가고 있습니까, 아니면 죽음으로 가는 넓은 문을 향해 가고 있습니까? 여러분의 삶을 살펴본 후 이야기해 보십시오.

본문 질문

❶ 예수님께서 하나님의 나라에 비유하신 겨자씨 한 알과 누룩의 공통점은 무엇입니까(18–21절)?

*"자라"(19절)와 "부풀게"(21절)라는 동사에 유의해서 봐야 한다.

❷ 예수님은 예루살렘 십자가를 향해 가시는 도중에도 각 성과 마을을 방문하셨습니다. 어떤 사역을 계속하시기 위해서였습니까(22절)?

❸ 예수님은 구원받는 자가 적은 이유는 구원의 문이 어땠기 때문이라고 하셨습니까(23-24절)?

*고대 성곽이나 대저택의 문은 큰 문과 작은 문으로 이뤄져 있었다. 큰 문은 일몰과 함께 닫혔고, 작은 문은 야간 응급 상황에만 허가를 받아 열렸다. 작은 문은 좁아서 허리를 굽혀야 통과할 수 있었다.

❹ 구원의 문은 어떤 특징을 갖고 있습니까(24-25절)?

❺ 다음 글을 읽고 구원의 긴박성에 대해 정리해 보십시오.

어떤 의대 교수님이 강의 시간에 실제 있었던 환자의 상태를 설명한 후 학생들에게 질문했다. "만약 환자가 이런 상태라면 어느 정도의 약물을 처방해야 하겠나?" 한 학생이 자신 있게 대답했다. "100cc 정도를 먼저 처방하고 상태를 본 뒤 50cc를 추가로 처방하거나 그대로 두겠습니다." 교수는 아무 말 없이 강의를 계속했다. 강의가 끝날 때쯤 처방을 내린 학생이 손을 들고 말했다. "교수님, 제가 아까 처방을 잘못 내린 것 같습니다. 아까 상태의 환자라면 100cc의 약물은 너무 위험합니다." 교수는 강의실을 나가며 말했다. "너무 늦었네, 자네 환자는 14분 전에 이미 죽었네." 생명이 달린 문제에는 특별히 신중할 필요가 있다. 더 늦기 전에 진리를 찾아야 한다. 더 늦기 전에 많은 사람에게 진리를 전해야 한다.

—김장환, 『큐티365』

❻ 문 밖의 사람들은 주님과 함께 먹고 마시며, 주님의 가르침을 받았음에도 왜 구원의 문으로 들어가지 못했습니까(26–27절)?

❼ 하나님 나라 밖으로 쫓겨난 사람은 그곳에서 무엇을 하게 됩니까(28절)?

❽ 예수님을 거부한 유대인 대신에 하나님 나라의 주인공이 될 사람들은 누구입니까(29–30절)?

더 깊은 연구와 묵상을 위하여

❶ 단지 말씀을 묵상하고 주님을 안다는 것만으로 구원받을 수 있습니까? 구원의 문으로 들어가는 데 꼭 필요한 것은 무엇인지 연구해 보십시오(눅 13:1–9).

❷ 구원의 문의 특징을 정리해 보십시오(24–27절).

적용을 위한 글

고대 도시의 성곽은 문이 하나였다. 그 문은 큰 문과 작은 문으로 이뤄져 있었다. 큰 문은 일몰과 함께 닫히고, 야간에는 작은 문만 허용됐다. 작은 문을 통과하려면 허가를 받아야 하고 매우 급박한 일로만 통과할 수 있었다. 작은 문을 통과할 때는 허리를 굽히는 노력이 필요했다. 구원의 문은 넓고 큰 문이 아니다. 구원의 문은 좁고 작은 문이다. 주인의 허락을 받아야만 들어갈 수 있고, 허리를 숙이는 겸손한 자만이 들어갈 수 있다. 주인을 안다고 해도 허리를 숙이지 않으면 안 된다. 허리를 숙인다 해도 주인을 모르면 안 된다. 주인의 허락을 받아 허리를 숙이는 자만이 구원의 문으로 들어갈 수 있다.

적용 및 결단을 위한 질문

❶ 여러분은 겨자씨와 누룩처럼 성장하며 주변에 선한 영향력을 끼치기 위해 어떤 노력을 하고 있습니까?

❷ 여러분은 구원의 좁은 문으로 들어가기 위해 무엇에 힘쓰고 있습니까?

24 목적이 있는 길

| 본문 누가복음 13:31-35

| 외울 말씀 예루살렘아 예루살렘아 선지자들을 죽이고 네게 파송된 자들을 돌로 치는 자여 암탉이 제 새끼를 날개 아래에 모음 같이 내가 너희의 자녀를 모으려 한 일이 몇 번이냐 그러나 너희가 원하지 아니하였도다 (34절)

도입을 위한 글

고난의 길, 십자가의 길은 무엇인가? 어렵고 힘들면 다 고난인가? 남을 도우면 다 십자가를 지는 것인가? 어려운 이를 도울 때 대체로 3단계가 있다. 첫째는 생각 없이 돕는 단계다. 좋은 일이라고 하니 자의식 없이 덩달아 돕거나, 칭찬을 기대하며 돕는 경우다. 이는 즉흥적이며 일회적이다. 둘째는 도움을 줌으로써 양심의 가책을 씻거나 보람을 얻는 단계다. 이는 자의식은 있으나 자기 안에 갇혀 있다. 도덕적 책무를 다하지 못해 불편한 마음을 해결하거나, 도덕적 책무를 다함으로써 보람을 얻는 경우다. 이는 지속적일 수는 있으나 자기 안에 갇혀 있다. 셋째는 그저 사랑하기에 돕고 기억하지 않는 단계다. 이는 자의식은 있으나 자기를 벗은 지경에서 다른 이를 이롭게 하는 것이다. 여기부터가 고난의 길이고 십자가의 길이다. -이주연

도입을 위한 질문

❶ 여러분의 삶에서 십자가처럼 느껴지는 것들은 무엇입니까?

❷ 그 십자가는 진정한 십자가입니까? 그렇게 생각하는 이유는 무엇입니까?

본문 질문

❶ 바리새인들은 예루살렘으로 향하고 있는 예수님께 어떤 정보를 알렸습니까(31절)?

❷ 예수님은 헤롯 왕을 무엇에 비유하셨습니까(32절)?

❸ 예수님은 죽음의 위협에도 불구하고 오늘, 내일, 모레에 무엇을 하실 것이라 말씀하셨습니까(33절)?

❹ 예수님은 당신을 선지자에 비유하시며, 어디에서 돌아가실 것이라고 예고하셨습니까(33절)?

❺ 다음 글을 읽고 하나님의 보호하심에 대해 정리해 보십시오.

다음은 크리스마스트리를 금색, 은색 실로 장식하게 된 전설이다. 요셉과 마리아가 아기 예수를 모시고 헤롯 왕의 칼날을 피해 애굽으로 도망할 때의 일이다. 날이 저물어 쉴 곳을 찾아 동굴 속으로 들어갔다. 이때 거미 한 마리가 아기 예수를 보고 무엇인가 해 줄 일이 없을까 생각하다가 조금이라도 찬바람을 막아 주고자 동굴 입구에 거미줄을 촘촘히 쳤다. 찬 이슬이 거미줄에 하얗게 내려앉아 마치 영롱한 작은 유리구슬로 만든 동굴 문처럼 됐다. 잠시 후 어린 아기를 찾아 죽이려는 헤롯의 군사들이 동굴 앞까지 왔다. 그러나 거미줄을 보고는 동굴에 아무도 들어가지 않았을 것으로 여기고 그냥 돌아갔다. 이것이 크리스마스트리를 장식하는 금색, 은색 실의 유래다. 지금도 하나님은 창조의 질서 속에서 여러 가지 방법으로 여러분을 보호하고 계신다.

—이철재

❻ 예루살렘은 과거에 어떤 죄악을 저질렀습니까(34절)?

❼ 하나님은 암탉처럼 열정적으로 하나님의 백성 예루살렘을 보호하셨습니다. 하지만 정작 예루살렘은 하나님의 보호에 대해 어떤 태도를 취했습니까(34절)?

❽ 마지막 선지자이신 예수님께서 예루살렘에 대해 하신 예언은 무엇입니까(35절)?

더 깊은 연구와 묵상을 위하여

❶ 암탉의 날개는 하나님의 백성들을 보호하시는 하나님의 날개를 형상화한 것입니다. 하나님의 날개는 무엇을 상징하는지 묵상해 보십시오(34절; 룻 2:12; 시 17:8).

❷ "예루살렘아 예루살렘아"(34절)라는 예수님의 탄식과 "네가 어디 있느냐?"(창 3:9)라는 하나님의 탄식에는 어떤 연관성이 있는지 연구해 보십시오.

적용을 위한 글

예수님은 인생의 목적이 확실하셨다. 예수님은 예루살렘으로 향하는 길을 걸어가셨다. 그 길은 십자가의 길이었다. 사탄은 예루살렘의 십자가로 향하는 길을 방해했다. 하지만 예수님은 사탄의 저항을 정면으로 뚫고 전진하셨다. 누구도 예수님의 가르침을 방해할 수 없었고 예수님의 고치심을 막을 수 없었다. 겨자씨가 자라나듯 생명력 있게 확장되는 하나님의 나라를 막을 수 없었다. 예수님에게 죽음 따위는 두려움의 대상이 아니었다. 바리새인이나 헤롯과 같은 자들은 죽음을 모면하기 위한 삶을 살았지만, 예수님은 죽기 위해 사셨기 때문이다.

적용 및 결단을 위한 질문

❶ 여러분은 '오늘, 내일, 모레'라는 남은 인생에서 어떤 목적을 추구하겠습니까?

❷ 여러분은 예수님께서 예루살렘을 향해 탄식하셨던 것처럼 누군가를 위해 탄식하고 있습니까? 그를 위한 위로와 사랑의 기도를 하는 시간을 가져 보십시오.

25 자기를 낮추는 자

본문 누가복음 14:1-14

외울 말씀 무릇 자기를 높이는 자는 낮아지고 자기를 낮추는 자는 높아지리라 (11절)

도입을 위한 글

선교사로서 하나님께 귀하게 쓰임 받은 윌리엄 캐리(William Carey)는 많은 사람에게 존경을 받았다. 그러나 그를 시기하고 질투했던 한 사람이 캐리에게 망신과 모멸감을 주고 싶어 했다. 결국 그는 많은 사람이 모인 공개적인 자리에서 과거 캐리의 낮은 신분과 경력을 들추며 비난하려고 다음과 같이 말했다. "선교사님은 선교사가 되기 전에 구두를 만들었다지요?" 그러자 캐리는 자신을 모욕하려는 사람에게 웃으며 대답했다. "아닙니다. 저는 구두를 만드는 기술자는 아니고 낡은 구두를 수선하고 깁는 일을 했습니다." 이에 선교사를 비난하려던 사람은 부끄러워 얼굴을 붉히며 자리를 떠났다. 그리고 선교사의 과거를 알게 된 사람들은 그를 더 존경하게 됐다. 나의 평가나 남의 평가가 내 본질을 바꿀 수 있는 것은 아니다. 스스로 낮춘다고 내가 낮아지는 것이 아니고, 스스로 높인다고 내가 높아지는 것도 아니다. 그러나 자신이 스스로 조금 더 낮추면 본질을 알게 된 사람은 나를 귀하게 여기게 된다.

–김상현

도입을 위한 질문

❶ 누군가가 여러분을 공개적으로 비난할 때 여러분은 어떻게 반응합니까?

❷ 자기를 낮추는 사람들의 행동에는 어떤 특징이 있습니까?

본문 질문

❶ 예수님은 안식일에 복음을 전하기 위해 누구의 집에서 무엇을 하셨습니까(1절)?

❷ 예수님은 안식일에 수종병 든 한 사람에게 어떻게 하셨습니까(2–4절)?

*수종병(2절): 복부에 물이 차서 심장, 신장, 간 등을 압박하고 몸이 붓는 병이다.

❸ 예수님은 안식일에 병을 고치는 것에 대해 어떻게 말씀하셨습니까(2–6절)?

❹ 예수님은 혼인 잔치에 청함을 받았을 때에 높은 자리에 앉지 말라고 하신 이유는 무엇입니까(7–9절)?

❺ 다음 글을 읽고 마음을 낮추는 삶에 대해 정리해 보십시오.

필리핀이 아름답고 명랑한 나라가 되려면 공무원의 부패와 부정을 근절해야 한다고 외침으로써 대통령이 된 라몬 막사이사이(Ramon Magsaysay)는 겸손하고 성실한 사람이었다. 그는 루손도의 한 대장장이의 아들로 태어났으나, 가난에 지지 않고 역경에 꺾이는 일이 없이 자라났다. 어릴 때부터 보고 느낀 필리핀 민족의 슬픔과 불행을 없애야겠다는 생각과 거짓 없고 올바른 사람이 되겠다는 그의 결심은 자동차 운전수를 하면서도 흔들리지 않았다. 착실하고 근면하며 성실했던 그는 인정을 받아 양코 버스회사의 지배인이 됐고, 제2차 세계대전 후에는 국방장관, 마침내는 대통령까지 됐다. 당시 그의 나이는 겨우 46세였다. 그는 대통령이 됐지만, 전과 조금도 다름없이 소박하고 겸손했다. "나의 직책은 대통령이지만, 나의 마음은 이 나라의 한 병사이다"라고 말할 정도였다. 그가 비행기 사고로 조난당했을 때, 필리핀뿐만 아니라 전 세계인이 그의 조난을 슬퍼했다. –송태승

❻ 하나님의 나라에서는 자기를 높이면 어떻게 되고, 자기를 낮추면 어떻게 됩니까(10–11절)?

❼ 예수님께서 부한 이웃을 식사에 초대하지 말라고 하신 이유는 무엇입니까(12절)?

*점심이나 저녁: 유대인들은 하루에 2번 식사를 했다. 점심은 기상해서 정오 이전 사이의 적당한 때에 먹었다.

❽ 예수님은 가난한 자, 병든 자, 장애 있는 자들을 초대하면 어떤 유익이 있다고 하셨습니까(13-14절)?

더 깊은 연구와 묵상을 위하여

❶ 바리새인들은 자기 자녀, 자기 재산만 소중히 여기는 집단 이기주의에 빠져 있었습니다. 여러분이 속한 교회는 집단 이기주의에 빠져 있지는 않은지 살펴보십시오(5-6절).

❷ 대부분의 세상 사람들이 부하고 능력 있는 이웃을 선호하는 이유는 무엇인지 연구해 보십시오. 이를 통해, 하나님의 자녀인 그리스도인들은 어떤 이웃에 관심을 가지며 살아야 할지 생각해 보십시오.

적용을 위한 글

하나님 앞에서는 자기를 낮추는 겸손한 자가 가장 높아지며, 자기를 높이는 자는 가장 낮아지게 된다. 마지막 날에 끝자리로 밀려나는 수모를 겪지 않으려면 겸손해야 한다. 하나님 앞에서, 사람 앞에서 겸손해야 한다. 교회 공동체 안에서는 섬기는 자가 높임을 받는 공동체가 돼야 한다. 세상에서 높임을 받는 사람들을 존경하는 곳이 되면 안 된다. 세상은 돈이 많고, 권력이나 직위가 높은 사람을 높인다. 하지만 교회는 그런 사람들을 무턱대고 높여서는 안 된다. 우리 공동체 안에 대통령이나 국회의원이 온다 해도, 그들이 섬기지 않는다면 높임을 받아서는 안 된다.

적용 및 결단을 위한 질문

❶ 여러분은 하나님을 향해, 그리고 고통 중에 있는 이웃을 향해 어떤 사랑을 실천하고 있습니까?

❷ 여러분은 가난한 자, 병든 자, 장애 있는 자와 함께 어떤 것을 나누고 있습니까?

26 큰 잔치의 초청

본문 누가복음 14:15-24

외울 말씀 내가 너희에게 말하노니 전에 청하였던 그 사람들은 하나도 내 잔치를 맛보지 못하리라 하였다 하시니라 (24절)

도입을 위한 글

미국의 한 교도소에 수감된 사형수가 신문 한 장을 손에 쥐고 하염없이 눈물을 흘리고 있었다. 그 신문의 머리기사는 「미국 제22대 대통령 클리블랜드(Cleveland) 취임」이었다. 간수가 사형수에게 슬피 우는 이유를 묻자 그는 고개를 떨구며 말했다. "클리블랜드와 나는 대학교 동창입니다. 어느 날 함께 수업을 마치고 나오다가 교회의 종소리를 들었어요. 클리블랜드는 내게 속삭였어요. '친구여, 교회에 가 보세'. 하지만 나는 거절했지요. 결국 클리블랜드는 교회로, 나는 술집으로 향했어요. 그것이 우리의 운명을 확연하게 갈라놓았습니다." 클리블랜드는 그날 새 삶을 다짐했고, 다른 친구는 주지육림(酒池肉林)에 빠져들었다. 세월이 흐르면서 두 사람의 인생은 완전히 달라졌다. 교회의 종소리를 '경건한 하늘의 초청'으로 받아들인 사람은 대통령이 됐고, '환락의 소리'로 여긴 사람은 사형수가 됐다. 인생은 한순간의 결단이다. 바로 지금의 결정이 운명을 가르게 된다. —임한창

도입을 위한 질문

❶ 여러분은 누구를 통해 복음을 듣고 예수님을 믿게 됐습니까?

❷ 만약 여러분이 예수님의 초청을 거절했다면, 지금쯤 어떤 삶을 살고 있을 것 같습니까?

본문 질문

❶ 예수님은 자기를 낮추는 자라야 하나님의 나라의 주인공이 될 수 있다고 하셨습니다. 그때 바리새인 중 한 사람이 무엇이라고 외쳤습니까(15절)?

❷ 비유 속의 집 주인은 큰 잔치를 준비한 후에 어떤 사람을 초대했습니까(16-17절)?

*"어떤 사람"(16절)은 집 주인으로 '예수님'을, "큰 잔치"(16절)는 '하나님의 나라'를 상징한다.

❸ 하지만 큰 잔치에 초대된 사람들은 하나같이 거절했습니다. 그중 밭을 산 사람은 어떤 핑계를 댔습니까(18절)?

❹ 큰 잔치에 초대된 또 다른 사람들은 어떤 핑계를 대며 거절했습니까(19-20절)?

❺ 다음 글을 읽고 하나님의 나라에 헌신하지 못하는 핑계거리에 대해 정리해 보십시오.

> 대부분의 사람은 자신이 다음과 같은 이유 때문에 성공하지 못한다고 생각한다. ①난 얼굴이 너무 못생겼어. ②난 좋은 습관을 만들 의지력이 없어. ③그 일을 하기엔 난 너무 늙었어(또는 아직 어려). ④난 머리가 나빠서 할 수 없어. ⑤난 그것을 할 만한 재능이 없어. ⑥난 건강하지 않아. ⑦난 좋은 학벌과 인맥이 없어. ⑧난 그냥 가정주부일 뿐이야. ⑨그것을 하기엔 돈이 부족해. ⑩난 전과자야. 하지만 성경은 예수님께서 우리를 부하게 하기 위해 스스로 가난하게 하셨고, 우리를 치유하기 위해 스스로 채찍을 맞으셨으며, 우리를 구원하기 위해 수치를 당하셨다고 말씀한다. 우리에게 어떤 약점이 있더라도 주님을 믿고 의지하며 준비하고 기다리면, 주님께서 놀랍도록 좋은 것으로 이뤄 주신다. 주님의 은혜에 감사하며 우리가 원하는 것을 이루고 더욱더 예수님의 복음을 전파하자. —김장환, 『큐티365』

❻ 집 주인(예수님)은 은혜로운 초청을 거절한 자들에 대해 어떻게 반응했습니까(21절)?

❼ 집 주인은 잔치의 빈자리에 어떤 사람들을 초대했습니까(21-23절)?

❽ 유대인들은 자신들이 당연히 하나님의 나라에 들어갈 수 있다고 자부했습니다. 하지만 예수님은 그들을 향해 무엇이라고 말씀하셨습니까(24절)?

더 깊은 연구와 묵상을 위하여

❶ 현대인들이 하나님의 초대를 거절하는 핑계는 무엇인지 연구해 보십시오.

❷ 하나님의 초대는 구약 시대에도 끊임없이 이뤄지고 있었습니다. 이사야 55:6을 통해 이를 살펴보십시오.

적용을 위한 글

우리는 하나님의 나라와 돈, 하나님의 나라와 인정이 서로 충돌할 때 하나님의 나라보다는 돈과 인정을 따라갈 때가 많다. 즉, 돈 줄과 인정 줄을 끊어 버릴 수 없을 때가 많다. 아브라함의 시험을 기억해 보라. 이따금 하나님은 우리에게 하나님이냐 돈이냐, 하나님이냐 사람이냐를 시험하신다. 아브라함은 하나님과 독자 이삭 중에서 하나님을 선택했다. 아무나 할 수 없는 선택이다. 하나님은 그런 믿음을 우리에게도 요구하신다. 때로는 비상식적인 선택을 믿음으로 해야 할 때가 있다. 우리는 삶의 결정적인 순간에 하나님을 선택해야 한다.

적용 및 결단을 위한 질문

❶ 여러분은 어린 양의 혼인 잔치에 참여하기 위해 무엇을 준비하고 있습니까?

❷ 오늘 여러분은 누구에게 달려가 하나님 나라의 복음을 전하겠습니까?

27 진정한 제자

본문 누가복음 14:25-35

외울 말씀 누구든지 자기 십자가를 지고 나를 따르지 않는 자도 능히 내 제자가 되지 못하리라 (27절)

도입을 위한 글

고난이야말로 진정한 제자로서 가야 할 길의 상징이다. 제자는 그의 스승보다 높지 않다. 그리스도를 따르는 것은 우리가 반드시 받아야 할 고통을 의미한다. 루터(Luther)가 진정한 교회의 표적들 중에 고난을 포함시켰던 이유도 바로 이 때문이다. 그가 아우구스부르크의 신앙고백을 준비하며 작성한 비망록 중 하나에는 교회를 복음을 위해 박해받고 순교당하는 사람들의 공동체로 정의한 것이 나온다. 만일 우리가 우리의 십자가를 짊어지는 것을 거부한다면, 우리는 그리스도와의 교제를 박탈당하고 그리스도를 따르지 못하게 될 것이다. 그러나 만일 우리가 그리스도를 섬기는 가운데 우리의 생명을 포기하고 우리의 십자가를 지고 간다면, 우리는 그리스도와 십자가의 교제 가운데 우리의 생명을 다시 찾게 될 것이다. 제자로서 가야 할 길의 반대는 그리스도와 그리스도의 십자가, 그리고 십자가가 가져오는 모든 모욕을 부끄러워하는 것이다. —디트리히 본회퍼, 『제자의 길과 십자가』

도입을 위한 질문

❶ 예수님의 제자가 되기 위한 자격은 무엇이라고 생각합니까?

❷ 여러분은 사람들 앞에서 예수님의 제자임을 어떻게 고백하고 있습니까?

본문 질문

❶ 예수님께서 하나님 나라(천국)의 잔치에 대한 말씀을 전하시자 누가 뒤따르기 시작했습니까(25절)?

❷ 예수님은 당신의 제자가 되려면 무엇을 포기하고 무엇을 져야 한다고 말씀하십니까(26–27절)?

❸ 미련한 건축가는 망대를 세우기 전에 무엇을 하지 않습니까(28–30절)?

*망대(28절): 망을 보기 위해 성벽에 세워진 탑이다.

❹ 지혜로운 임금은 전쟁을 하기 전에 반드시 무엇을 계산합니까(31-32절)?

*화친(32절): 나라와 나라 사이에 다툼 없이 서로 가까이 지내는 것이다.

❺ 다음 글을 읽고 예수님의 참된 제자의 삶에 대해 정리해 보십시오.

"교회를 수십 년 동안 다녔지만, 믿기 전에 비해 변한 것이 별로 없습니다. 성품도, 삶도 옛날 그대로입니다. 그러다 보니 종종 가정이 지옥같이 느껴지고, 교회 생활도 형식적이 된 지 오래입니다. 물론 예수님을 자발적으로 증거해 본 적도 없습니다. 그런데도 교회에만 가면 모범 성도로 대접받다 보니, 저 자신의 이중성과 위선에 괴로움만 더해 갑니다." 어느 그리스도인의 고뇌에 찬 고백이다. 이처럼 우리가 그리스도인으로서 깊은 고뇌에 빠질 때, 그때가 바로 성령님의 격려하시는 음성을 들어야 할 때다. 또한 새롭게 일어서야 할 때다. 그리스도인이 이 같은 고뇌에 빠져 무력해지는 이유는 새로운 신분에 맞는 삶에서 멀리 떨어져 있기 때문이다. 즉, 그리스도의 제자로서의 삶보다는 과거의 습관대로 육신의 정욕을 따라 살기 때문이다. 성경에는 그리스도의 제자가 감당해야 할 3가지 사명이 기록돼 있다. 첫째, 말씀을 읽고 묵상하고 그 말씀대로 순종하기. 둘째, 사랑하기. 셋째, 복음으로 이웃을 하나님의 자녀가 되게 하기이다. 그리스도의 제자로 성령님과 동행하는 자의 삶은 매일 변화된다. 가정은 천국이 되고, 교회 생활 역시 받은 은혜로 뜨거워진다.

—한태완

❻ 예수님의 제자가 되려면 복음을 위해 무엇을 기꺼이 버려야 합니까(33절)?

❼ 예수님은 제자들이 세상의 무엇과 같아야 한다고 하셨습니까(34절)?

❽ 제자들이 맛을 잃어버리면 어떤 처지가 됩니까(35절)?

더 깊은 연구와 묵상을 위하여

❶ 바울은 십자가가 곧 무엇을 의미한다고 생각했는지 연구해 보십시오(갈 2:20).

❷ 망대의 기초만 쌓은 건축가처럼 제자의 길을 중도에 포기한 인물을 성경에서 찾아보십시오(예: 가룟 유다).

적용을 위한 글

예수님의 제자가 되려면 자기 십자가를 지고 예수님을 따라야 한다. 십자가라는 것은 절대 헌신과 절대 희생이 없으면 결코 질 수 없다. 십자가는 곧 희생이요, 죽음을 뜻하기 때문이다. 바울은 십자가의 의미를 자기 죽음이라고 해석했다. "내가 그리스도와 함께 십자가에 못 박혔나니 그런즉 이제는 내가 사는 것이 아니요 오직 내 안에 그리스도께서 사시는 것이라"(갈 2:20上). 예수님을 따르는 것은 곧 포기이다. 내 욕심을 채우기 위한 것들을 포기하고, 예수님을 위한 것을 선택하는 것이다. 속으로는 우리의 욕심을 다 채우면서 껍데기만 예수님의 제자는 아닌지 자신을 돌아봐야 한다.

적용 및 결단을 위한 질문

❶ 여러분은 예수님을 인생의 전부로 삼고 전심전력을 다해 예수님을 따르는 제자의 삶을 살고 있습니까? 그 삶을 계속 이어가기 위해 어떤 노력이 필요한지 나눠 보십시오.

❷ 지금 여러분이 예수님을 위해 희생하고 있는 것은 무엇입니까?

28 죄인이 회개할 때

본문 누가복음 15:1–10

외울 말씀 내가 너희에게 이르노니 이와 같이 죄인 한 사람이 회개하면 하늘에서는 회개할 것 없는 의인 아흔아홉으로 말미암아 기뻐하는 것보다 더하리라 (7절)

도입을 위한 글

1979년부터 30년이 넘게 '짜장면 전도'를 하고 있는 박권용 집사님의 전도는 일반 전도와는 조금 다르다. 보통 전도라고 하면 성경이나 전도지를 들고 예수님의 구원 메시지를 전하는 것을 생각하지만, 박 집사님의 전도는 짜장을 볶고 면을 뽑는 것에서부터 시작된다. 처음에는 인근 군부대 장병들의 사기를 북돋아 주려고 짜장면을 만들어 주기 시작했는데, 우연찮게 군부대에서 강연을 요청받았다. 비록 초등학교 3학년 때 학업을 중단해서 지식은 많이 없었지만, 그간 어렵게 일하며 홀로서기한 자신의 경험이 장병들의 미래에 도움이 될 것 같아서 제안을 받아들였다. 처음하는 강연이었지만, 강연 내내 장병들의 웃음이 끊이지 않았고 때때로 감동의 박수 소리도 터져 나왔다. 부대에서의 반응은 생각보다 훨씬 좋았고 그 소식은 곧 전국 방방곡곡으로 퍼져 나갔다. 이후 박 집사님은 다른 군부대뿐만 아니라 전국의 교회, 교도소, 양로원을 찾아다니며 짜장면을 직접 만들어 주고, 자신이 살아온 삶을 이야기하며 복음을 전하고 있다.

–김장환, 『큐티365』

도입을 위한 질문

❶ 여러분은 전도를 어떻게 하고 있습니까?

❷ 여러분은 전도할 때 무엇이 가장 어려웠습니까?

본문 질문

❶ 모든 세리와 죄인들은 무슨 목적으로 예수님께 가까이 나아왔습니까(1절)?

*죄인들: 복잡하고 까다로운 율법들을 잘 몰라서 어긴 경우가 많았고, 그로 인해 죄인으로 정죄받았다.

❷ 바리새인과 서기관들은 죄인들을 영접한 예수님을 무엇이라고 비난했습니까(2절)?

❸ 예수님은 당신을 목자로 비유하셨습니다. 양을 사랑하는 목자에게는 어떤 특징이 있습니까(3-4절)?

❹ 양을 사랑하는 목자는 잃어버린 양을 찾았을 때 어떻게 반응합니까(5-6절)?

❺ 다음 글을 읽고 복음을 전하는 전도자의 자세에 대해 정리해 보십시오.

위대한 전도자 드와이트 라이먼 무디(Dwight Lyman Moody)가 하나님 앞에 복음을 전하기로 작정한 날부터 하나님께 서원을 드린 것이 있다. 어떤 일이 있어도 하루에 꼭 1명 이상은 복음을 전하겠다는 것이었다. 그런데 어느 날, 집회를 마치고 피곤한 몸으로 돌아온 그는 하나님과 한 약속을 깜박 잊고 침대에 누웠다. 잠자리에 들기 전 막 기도를 하려는데 오늘 누구에게도 복음을 전하지 못한 것이 생각났다. 그는 옷을 갈아입고 다시 나갔다. 그러나 이미 밤이 깊어 길에 지나다니는 사람이 없었다. 한참을 두리번거리다 술에 취해 담벼락에 오줌을 누고 있는 사람을 봤다. 무디는 달려가 그를 휙 돌려놓고 복음을 전한 뒤 돌아섰다. "나는 분명히 당신에게 예수님을 전했으니 갑니다." 술에 취한 사람은 그 상황에 깜짝 놀라 누던 오줌을 멈추고 멍하니 서 있었다. 그로부터 며칠 후 한 사람이 찾아와 성도가 됐는데, 그는 바로 그 날 밤 술에 취해 오줌을 누다 놀랐던 바로 그 사람이었다.

❻ 하나님은 언제 가장 기뻐하십니까(7절)?

❼ 열 드라크마 중 하나를 잃어버린 여자는 어떻게 행동할 것이라고 합니까(8절)?

*열 드라크마: 은화 10개를 엮어 만든 머리띠로, 신부의 약혼 예물에 해당한다.

❽ 죄인 한 사람이 회개하면, 하늘에서는 어떤 일이 일어납니까(9-10절)?

더 깊은 연구와 묵상을 위하여

❶ 양 떼를 진정으로 사랑하지 않는 목자의 특징은 무엇입니까(겔 34:1-16)?

❷ 한국 교회는 구원의 확신이라는 미명 아래 "회개할 것 없는 의인"(7절)을 양산하고 있지는 않은지 생각해 보십시오.

적용을 위한 글

바리새인과 서기관들은 예수님을 비난했다. 예수님께서 죄인을 영접하고 음식을 같이 먹었다는 이유 때문이었다. 그들은 자신들만의 정결법을 만들어 백성들에게 강요했다. 그 정결법은 비록 구약 성경을 근거로 만들었다고는 하지만, 성경을 자기들 마음대로 해석하고 많은 부분을 더하거나 뺀 것들이었다. 그들은 정결법과 같은 종교적인 율법을 자신들의 기득권을 지키는 데 이용했다. 백성들이 하나님께 더 가까이 가는 데 도움을 주는 법이 결코 아니었다. 바리새인과 서기관들은 자신들을 백성들의 지도자라고 자처했다. 하지만 그들은 양 떼를 사랑하는 목자가 아니라 양젖을 짜내 자기 배만 불리고 양털을 깎아 자기 몸만 따뜻하게 하는 목자였다. 양의 유익이 우선이 아니라 양을 이용해 자기 유익을 챙기는 악한 목자였다.

적용 및 결단을 위한 질문

❶ 여러분 주변에 잃어버린 양, 잃어버린 드라크마와 같은 사람은 누구입니까?

❷ 그들이 하나님의 품으로 다시 돌아오게 하기 위해 지금 여러분이 할 수 있는 일은 무엇입니까?

29 아버지께로 돌아온 탕자

본문 누가복음 15:11-24

외울 말씀 이 내 아들은 죽었다가 다시 살아났으며 내가 잃었다가 다시 얻었노라 하니 그들이 즐거워하더라 (24절)

도입을 위한 글

누가복음 15장에는 탕자의 비유가 나온다. 아버지 집을 나갔다가 알거지가 된 아들이 자기 신분을 회복하는 길은 하루빨리 아버지 집으로 돌아오는 것뿐이다. 탕자는 아버지 곁을 떠나기만 하면 날개를 달 것으로 생각했다. 하지만 '내 맘대로' 하는 날갯짓은 비상하는 날개가 아니라 추락하는 날개였다. 그가 생각한 기대치와 하나님께서 허락하신 현실 사이에는 하늘과 땅만큼의 차이가 있었다. 고집 센 황소를 우리에서 끌어내기란 결코 쉽지 않다. 황소 고집으로 버티면 그 힘을 당할 수가 없다. 그럴 때 여물통을 엎어 버리면 희망이 없어진 황소는 쉽게 포기하고 우리 밖으로 나온다. 뒤늦게 예수님의 품으로 돌아온 사람들 대다수가 하나님의 여물통 엎기에 걸린 사람들이다. 건강의 여물통, 물질의 여물통, 자녀의 여물통 등 그들에게는 여물통이 하나님 노릇을 해 왔다. 아버지를 떠나면 모든 것이 파탄 난다. 그러나 아버지께로 돌아오면 잃었던 축복을 회복한다. 하나님은 나의 못남과 약함을 아시면서도 있는 그대로의 나를 받아 주셨다. 내 죄를 사해 주셨고 자녀의 신분도 회복시켜 주셨다. 이것이 탕자를 통한 교훈이다. -김봉준

도입을 위한 질문

❶ 여러분은 언제 어떻게 하나님의 품으로 돌아왔습니까?

❷ 여러분 주변에 하나님의 품으로 돌아오기 힘들어하는 사람들이 있습니까? 그 이유를 무엇이라고 말합니까?

본문 질문

❶ 둘째 아들은 아버지에게 무엇을 요구했습니까(11-12절)?

*분깃(12절): 유산으로 받는 한 몫이다.

❷ 둘째 아들은 아버지에게 받은 재물을 어떻게 사용했으며, 그 결과는 어땠습니까(13-14절)?

❸ 노예로 전락한 둘째 아들은 어떤 생활을 하며, 무엇을 깨달았습니까(15-17절)?

❹ 자신의 잘못을 뉘우친 둘째 아들은 무엇을 결심하고 실천했습니까(18-20절)?

❺ 다음 글을 읽고 그리스도인이 깨뜨려야 하는 옥합에 대해 정리해 보십시오.

얼마 전 16세 된 아들 때문에 깊이 상심한 친구에게 전화가 왔다. 그때 나는 "환난 날에 나를 부르라 내가 너를 건지리니 네가 나를 영화롭게 하리로다"라는 시편 50:15 말씀을 떠올렸다. 그녀의 아들은 나쁜 친구들과 어울려 퇴학당했고, 마약을 복용하는 등 완전히 구제불능 상태였다. 결국 그는 강간과 강도 혐의로 경찰에 체포됐다. 그녀는 자신이 아들을 그렇게 사랑했건만 이제는 어찌할 도리가 없다며 흐느껴 울었다. 그리고 아들을 만나기 위해 소년원으로 향했다. 가는 내내 눈물이 하염없이 흘러 앞을 제대로 볼 수가 없었다. 그녀의 눈에도 자동차의 와이퍼가 필요할 정도였다. 하지만 소년원에 도착했을 때, 그녀는 하나님께서 자기 기도에 응답하셨다는 것을 알 수 있었다. 죄수복을 입고 나타난 아들은 엄마를 보자마자 울음을 터뜨렸고 성경을 넣어 달라고 요청했다. 아들은 새로운 길을 가기 원했다. 돌아온 탕자처럼 그도 이제 정신을 차린 것이다. 영적으로 표현하자면, 집을 나간 탕자가 돌아온 것이다. 그날 이후, 내 친구의 아들은 완전히 새로운 사람으로 변화됐다. 나는 나중에 그녀를 만나 이렇게 말했다. "세상에 많은 탕자들이 20세, 30세가 되어도 집으로 돌아올 줄 모르고 있는데 그래도 당신 아들은 16세에 돌아왔군요!"

—로버트 모건, 『홍해의 법칙』

❻ 아버지는 다시 돌아온 둘째 아들을 어떤 태도로 맞이했습니까(20절)?

❼ 아버지는 자신을 품꾼으로라도 써 달라는 둘째 아들에게 어떤 지위를 줬습니까(21-22절)?

*'제일 좋은 옷, 가락지, 신'은 아들의 신분을 회복시켜 준다는 상징이었다.

❽ 아버지가 살진 송아지를 잡아서 잔치를 벌인 이유는 무엇입니까(23-24절)?

더 깊은 연구와 묵상을 위하여

❶ 둘째 아들의 행동과 하나님을 떠난 인류의 모습 사이에는 어떤 공통점이 있는지 연구해 보십시오(11-17절).

❷ 비유 속 아버지를 통해 나타난 하나님의 성품은 무엇인지 묵상해 보십시오(20-24절).

적용을 위한 글

아버지의 품을 떠난 아들은 아무리 많은 재산을 갖고 있다 해도 죽은 것과 다름없다. 하나님을 떠나 사는 인간들도 마찬가지다. 하나님을 떠나 많은 것을 소유하고 누린다 해도 그것은 죽은 것이나 다름없다. 하나님은 우리가 무엇을 소유하느냐에 관심이 없으시다. 하나님은 오직 우리가 하나님과 동행하는지를 중요하게 여기신다. 하나님은 잃어버린 영혼이 하나님의 품으로 돌아오는 것을 가장 기뻐하신다. 하나님은 인간이 돌아오기만 하면 죄를 묻지 않으시고 그의 지위를 회복시켜 주신다. 아버지 하나님은 참으로 좋으신 분이다.

적용 및 결단을 위한 질문

❶ 하나님은 회개하며 나아오는 죄인을 기쁨으로 품어 주십니다. 이 같은 분 앞에서 여러분이 회개하며 고백해야 할 부분은 무엇입니까?

❷ 여러분이 속한 교회는 회개하고 돌아올 형제자매를 위해 어떤 잔치를 준비하고 있습니까?

30 집 안의 탕자

본문 누가복음 15:25-32

외울 말씀 아버지가 이르되 얘 너는 항상 나와 함께 있으니 내 것이 다 네 것이로되 (31절)

도입을 위한 글

언제나 감사가 가득한 마을과 불만이 가득한 마을이 있었다. 감사 마을은 언제나 삶의 모든 것에 감사했다. 봄에 꽃피는 것도 감사요, 여름에 열매 맺는 것도 감사요, 가을에 추수하는 것도 감사요, 겨울에 눈이 오는 것도 감사였다. 모든 상황에 감사만을 했기 때문에, 설사 안 좋은 일이 생기더라도 곧 좋아질 것이라고 믿었고 실제로 금방 그렇게 됐다. 그러나 불만 마을 사람들은 당장 걱정거리가 없어도 미래를 두려워하며 항상 불평했다. 꽃이 피면 질까 걱정, 열매가 맺으면 장마가 올까 걱정, 가을이 되면 흉년이 들까 걱정, 겨울이 되면 눈이 올까 걱정했다. 어떤 좋은 일이 일어나도 금방 안 좋은 일이 생길까 모두가 걱정을 하니 정말 안 좋은 일들이 일어났다. 때때로 감사의 비결을 배우고 싶어 불만 마을에서 감사 마을로 이사를 오는 사람들도 있었지만, 모두가 적응하지 못하고 곧 돌아갔다. 항상 불만 속에 살았기 때문에 습관적으로 감사하는 생활에 적응하지 못했기 때문이다. 좋은 일이나 나쁜 일이나 언제나 주님께 감사하자. 우리를 향한 모든 일에는 하나님의 큰 계획이 있다.

–김장환

도입을 위한 질문

❶ 여러분은 하나님께서 불공평하시다고 생각한 적이 있습니까? 그렇게 생각했던 당시의 상황을 이야기해 보십시오.

❷ 여러분은 하나님의 사랑을 나누지 않는 삶에 대해 어떻게 생각합니까?

본문 질문

❶ 아버지 집에서 잔치가 한창일 때, 맏아들은 어디에 있었습니까(25절)?

❷ 맏아들은 돌아온 동생 때문에 잔치가 열렸다는 소식을 듣고 어떤 감정이 들었습니까(26-28절)?

❸ 아버지는 잔치에 불참한 맏아들을 어떻게 대했습니까(28절)?

❹ 맏아들은 자신이 여러 해 동안 무엇을 했다고 생각했습니까(29절)?

*불행하게도 맏아들은 스스로 노예 의식을 갖고 있었다.

❺ 다음 글을 읽고 아낌없는 하나님 아버지의 사랑에 대해 정리해 보십시오.

실명 위기에 놓인 딸의 부탁으로 교회에 가게 된 아버지는 타인을 위해 기도하는 사람들을 보며 이렇게 서원했다. "우리 딸이 어제 본 것을 내일 볼 수 있고 오늘 본 내 얼굴을 내일 또 볼 수만 있다면, 저의 남은 일생을 주님께 바치겠나이다." 그 기도 후 그는 딸의 검사 결과가 좋다는 소식을 듣게 됐다. 이 이야기의 주인공은 이어령 교수다. 그는 이런 경험을 한 후 세례를 받게 됐다. 그 후 지성으로는 채울 수 없는 영적 갈급함과 굶주림이 이어령 교수를 영성으로 인도하게 되는데, 그는 주님을 영접하고 세례를 받으면 지성이 약해지는 것이 아니고 지성을 넘어서는 영성을 소유하게 된다고 말한다. 또한 성서를 조각내면 하나도 믿을 게 없지만, 전체적으로 읽고 느낀다면 하나하나 아귀가 맞아서 초월적인 영성으로 다가온다고 이야기한다. 이어령 교수는 외로움과 영적인 갈급함이 하나님을 찾게 했고, 그런 경험을 통해 얻게 된 것을 책을 통해 고백했다. 그는 영성을 찾기 위해서는 인류를 초월하는 하나님의 사랑을 경험해야 하며, 하나님의 말씀을 통해 우리가 영성으로 인도된다고 말한다.

❻ 맏아들은 아버지가 어떤 면에서 불공평하다고 생각했습니까(29–30절)?

❼ 맏아들은 자신의 동생을 어떤 사람으로 인식하고 있었습니까(30절)?

*이 아들: '당신의 아들'이라는 뜻이다. 종이 "당신의 동생"(27절)으로, 아버지가 "네 동생"(32절)으로 소개한 것과 대조적이다.

❽ 맏아들은 무엇을 깨닫지 못하며, 무엇을 누리지 못했습니까(31–32절)?

더 깊은 연구와 묵상을 위하여

❶ 구원이란 무엇인지 정의해 보십시오(31절).

❷ 그리스도인이 헌신에 대해 더 많은 보상을 기대하는 것이 올바른 태도인지 묵상해 보십시오(마 20:1–16).

적용을 위한 글

맏아들은 비록 그의 몸은 집에 있었지만, 마음은 아버지를 떠나 있었다. 둘째 아들이 몸은 집을 떠나 있었지만, 마음만은 아버지를 향해 있던 것과 대조적이다. 맏아들은 아버지와 함께 있으면서도 아버지의 마음을 몰랐다. 바리새인과 서기관 같은 이스라엘의 종교 지도자들은 예루살렘 성전에 거하며 하나님의 이름을 부르고 하나님의 말씀을 연구하며 가르쳤지만, 실상은 하나님 아버지의 마음을 모르는 자들이었다. 현대 기독교도 마찬가지다. 교회 안에서 수많은 일이 벌어진다. 하지만 그 모든 것이 하나님 아버지의 마음에 합한 일은 아닐 수 있다. 우리는 아버지 하나님의 마음을 진정으로 이해하고 있는지 돌아보고 또 돌아봐야 한다.

적용 및 결단을 위한 질문

❶ 여러분은 하나님께서 "네 동생"(32절)이라고 하신 사람들을 "이 아들"(30절)이라고 말하면서 외면하고 있지는 않습니까? 여러분의 모습을 살펴본 후, 지금부터 어떤 마음으로 하나님의 사람들과 관계를 맺을지 나눠 보십시오.

❷ 여러분은 하나님께서 주신 자녀의 특권을 마음껏 누리고 있습니까? 그 특권에 대해 묵상한 후 한없이 자비로우신 하나님의 은혜에 감사하는 시간을 가져 보십시오.

31 두 주인

| 본문 누가복음 16:1-18

| 외울 말씀 집 하인이 두 주인을 섬길 수 없나니 혹 이를 미워하고 저를 사랑하거나 혹 이를 중히 여기고 저를 경히 여길 것임이니라 너희는 하나님과 재물을 겸하여 섬길 수 없느니라 (13절)

도입을 위한 글

영화『사운드 오브 뮤직』의 실제 모델인 마리아(Maria)의 자전소설『폰 트라프 일가 이야기』(The Trapp Family Story)에 소개된 내용이다. 폰 트라프 일가는 제2차 세계대전 직전에 새로이 권력을 장악해 나가던 나치에 밉보여 오스트리아의 정든 고향을 떠나 스위스로 피신했다. 그들은 거기에서 멈추지 않고 자유를 찾아 험준한 알프스 산맥을 넘어갔다. 마침내 폰 트라프 일가는 미국 버몬트의 스토우 지방에 정착했고, 멋진 음악 실력으로 세계적인 명성을 얻었다. 그들은 미국에서 누리는 자유에 대해 감격하고 감사하지 않을 수 없었다. 비록 떠나온 고향에 많은 재산이 남아 있었지만, 자유를 위해서라면 그런 것들은 얼마든지 포기할 수 있었다. 폰 트라프 일가가 나치에게서 벗어났듯이, 우리는 예수님으로 말미암아 죄의 굴레와 압제에서 벗어났다. 따라서 우리는 폰 트라프 일가가 자신들의 재산을 포기하고 떠났듯이, 세상이 귀하게 여기는 것들을 어느 정도 포기해야 한다. 그러나 현재 누리는 영적 자유와 장차 천국에서 받을 상급은 그 모든 것을 보상하고도 남는다.

-맥스 앤더스,『Main Idea로 푸는 갈라디아서, 에베소서, 빌립보서, 골로새서』

도입을 위한 질문

❶ 여러분은 하인이 두 주인을 섬기는 것이 가능하다고 생각합니까? 만약 가능하다면, 그 하인의 실제 삶은 어떤 모습일 것 같습니까?

❷ 사람들은 왜 돈을 좋아한다고 생각합니까?

본문 질문

❶ 비유 속 청지기는 어떤 위기에 처했습니까(1-2절)?

*청지기: 고대 로마에서 부자들의 사업과 재산을 대신 관리해 주던 사람으로, 노예의 신분에서 해방된 자유민이었다.

❷ 청지기는 해고 당한 이후에 노동자나 거지가 될 것을 예측하고 어떤 일을 하기 시작했습니까(3-7절)?

❸ 주인은 청지기가 옳지 않은 일을 했음에도 왜 그를 칭찬했습니까(8절)?

❹ 예수님은 자칭 "빛의 아들들"(8절)이라고 말하는 바리새인과 서기관들보다 더 지혜로운 사람들은 누구라고 하셨습니까(8-9절)?

*불의의 재물로 친구를 사귀라(9절): 하나님을 모르는 세상 사람들도 가난한 자들에게 재물을 나눠 주면서 그들의 인정을 받는다는 뜻이다.

❺ 다음 글을 읽고 재물을 잘 사용하는 방법에 대해 정리해 보십시오.

영국의 정치가 말보로(Marlborough) 공작은 말년에 몸이 쇠약해졌을 때도 마차 삯 6펜스를 절약하기 위해 자신의 집무실에서 집까지 걸어갔다. 그가 죽으면서 남긴 150만 파운드가 넘는 재산은 생전에 가장 싫어했던 원수 중 한 사람이 상속받았다. 잘 살고 싶어 하는 것은 사람들의 보편적인 소원이다. 그런데 부자가 되겠다는 목표를 세우고 애쓰다 보면 마음에 탐심이 생긴다. 일단 마음속에 돈에 대한 욕심이 생기면 눈이 어두워진다. 그러나 재물은 영구히 소유할 수 있는 것이 아니다. 계속 끌어모은다고 해서 모이는 것도 아니다. 그러므로 재물을 버는 것도 중요하지만, 잘 쓰는 것이 더 중요하다. 선한 일에 재물을 사용하면 하나님께 더욱 복을 받게 된다. 그리고 이렇게 쓰인 재물은 참으로 가치 있는 것이 된다. 욕심을 버리고 자족하며, 나아가서 순리를 따라 하나님의 영광을 위해 선한 일을 하는 데 힘써야 한다.

-「햇볕같은 이야기」

❻ 예수님은 바리새인과 서기관들이 크고 참된 것(하나님의 나라)을 맡을 자격이 없다고 하셨습니다. 그들이 무엇에 충성되지 못했기 때문입니까(10–12절)?

*충성된(10절): 헬라어 '피스토스'는 원래 '신실하라'는 뜻이다. '믿다'라는 '페이도'에 어원을 두고 있는 표현으로, 충성은 믿음이 전제되는 것이다.

❼ 바리새인들은 무엇을 좋아했기 때문에, 주인 되신 하나님을 사랑하고 귀히 여기며 섬길 수 없었습니까(13–14절)?

*재물(13절): 헬라어 '맘모나스'는 신적 개념이 담긴 표현이다.

❽ 율법과 선지자의 시대는 언제까지입니까? 이후에는 무엇이 효력을 발휘합니까(16절)?

더 깊은 연구와 묵상을 위하여

❶ 재물(맘모나스)의 신을 섬기는 맘모니즘이 교회와 성도에게 안 좋은 영향을 끼친 예를 연구해 보십시오(14절).

❷ 하나님과 재물을 동시에 섬길 수 없는 이유는 무엇인지 살펴보십시오(13절).

적용을 위한 글

한 하인이 두 주인을 섬길 수 없듯이, 우리는 하나님과 재물을 동시에 사랑하고 섬길 수 없다. 예나 지금이나 사람들은 재물(맘모나스)을 사랑하고 숭배한다. 바리새인과 서기관들은 입으로는 하나님을 이야기하지만, 사실은 돈을 사랑하는 자들이었다. 그들은 돈을 위해 성경을 연구하고 가르쳤다. 그리고 돈을 위해 여러 가지 종교적 행동에 힘썼다. 말로는 하나님만을 높이며 섬긴다고 했지만, 실상은 하나님이 아니라 돈을 섬겼다. 자본주의 시스템에서 살고 있는 우리도 재물을 섬기는 것을 주의해야 한다. 자신도 모르는 사이에 재물을 섬기고 있을 수도 있기 때문이다.

적용 및 결단을 위한 질문

❶ 여러분이 두 주인을 섬기고 있지는 않은지 점검해 보십시오.

❷ 여러분은 영원한 하나님의 나라를 위해 무엇을 준비하고 있습니까?

32 부자와 거지 나사로

본문 누가복음 16:19-31

외울 말씀 아브라함이 이르되 얘 너는 살았을 때에 좋은 것을 받았고 나사로는 고난을 받았으니 이것을 기억하라 이제 그는 여기서 위로를 받고 너는 괴로움을 받느니라 (25절)

도입을 위한 글

성경에 부자와 거지 나사로의 이야기가 있다. 부자는 하루하루 호사스런 생활을 했지만, 거지 나사로는 부자의 문 앞에서 구걸하며 하루를 보냈다. 시간이 흘러 두 사람 모두 죽게 됐고, 나사로는 천국에 가게 됐으나 부자는 지옥에 떨어져 고통을 받게 됐다. 부자는 지옥에서 물 한 방울만이라도 손끝에 찍어 달라며 애원하지만, 생전에 자신의 욕심만 채웠던 삶을 책망받았다. 그런데 이 성경의 내용이 한 사람에게 큰 충격을 줬다. 부자와 나사로의 이야기를 읽은 슈바이처(Schweitzer)는 풍요롭고 명예로운 삶에 젖어 있던 자신의 모습이 부끄러웠다. 그래서 그는 부자의 삶을 버리고 아프리카 흑인들의 삶으로 달려갔다. 그곳에서 그는 아프리카 흑인들을 위해 자신의 재산과 의술을 바쳤고, 평화와 사랑을 아프리카 땅에 심기 위해 자신의 삶을 헌신했다. 세상을 풍요롭게 하는 것은 소유가 아닌 나눔에 있다. 그리고 그것을 실천하는 모습이 신앙을 가진 이들의 의무임을 기억해야 할 것이다. –류중현

도입을 위한 질문

❶ 지난 한 주간, 여러분의 지출 항목은 누구를 위한 것이었습니까?

❷ 여러분의 생활수준은 세계 인구 중에서 상위 몇 % 안에 든다고 생각합니까?

본문 질문

❶ 예수님의 비유 속에 나오는 한 부자는 날마다 어떤 생활을 했습니까(19절)?

❷ 반면에 거지 나사로는 어떤 생활을 했습니까(20-21절)?

❸ 거지와 부자는 죽어서 각각 어디로 갔습니까(22-23절)?

*당시 유대인들은 부를 하나님의 축복의 징표로 생각했기에 부자가 음부에 간다는 것을 상상하지 못했다.

❹ 음부에서 고통을 당하던 부자는 아브라함에게 무엇을 요청했습니까(24절)?

❺ 다음 글을 읽고 하나님의 나라를 준비하는 삶에 대해 정리해 보십시오.

아디아베네의 모노바즈(Monobaz) 왕은 나라에 흉년이 들자 자신의 창고를 열어 가난하고 주린 사람들에게 나눠 줬다. 그리고 재물을 팔아 어려운 백성들에게 베풀었다. 그가 아낌없이 나누는 것을 알게 된 그의 형제들이 답답한 심정으로 다음과 같이 말했다. "자네의 조상들이 많은 재물을 모았고 자네가 그 재물 위에 또 다른 재물을 잘 보탰는데, 이제는 조상과 자네의 재산을 모두 흩어 버리는구먼." 그 말을 들은 모노바즈 왕은 당당하게 말했다. "나의 조상은 땅에 재물을 쌓았지만 나는 하늘에 재물을 쌓았고, 나의 조상은 사람의 손이 닿을 수 있는 곳에 쌓았지만 나는 사람의 손이 닿을 수 없는 곳에 쌓았다. 나의 조상은 이윤이 없는 곳에 맡겼지만 나는 이윤이 있는 곳에 맡겼으며, 나의 조상은 돈의 보화를 봤지만 나는 영의 보화를 봤다. 나의 조상은 사라질 땅을 위해 보화를 쌓았지만 나는 장차 올 나라를 위해 보화를 쌓았다." 그는 하나님께서 갚아 주시고 칭찬할 진정한 곳이 어디인지를 알고 자신의 재물을 쌓았던 것이다. 예수님은 우리에게 자신을 위한 재물을 땅에 쌓지 말고 하늘에 쌓으라고 권하신다. —김상현

❻ 아브라함이 부자의 요청을 거절한 이유는 무엇입니까(25-26절)?

❼ 부자가 나사로를 자신의 다섯 형제에게 보내 달라고 한 이유는 무엇입니까(27-28절)?

❽ 아브라함은 이미 다섯 형제에게 어떻게 경고의 메시지가 전달됐다고 말했습니까(29-31절)?

*모세와 선지자들(29절): 구약 성경을 가리킨다.

더 깊은 연구와 묵상을 위하여

❶ 부자와 나사로의 비유는 단순히 부자는 지옥에 가고 가난한 자는 천국에 간다는 이야기가 아닙니다. 이 비유는 어떤 사람들에 대한 교훈을 담고 있는지 연구해 보십시오(31절).

❷ 예수님께서 말씀하신 부자와 가난한 자에 대한 비유를 통해, 그리스도인이 세상에서 지낼 때 명심하고 기억해야 할 것은 무엇인지 묵상해 보십시오.

적용을 위한 글

세계적으로 볼 때 우리는 이미 엄청난 풍요 속에서 살고 있다. 세계 인구 중에서 대학 교육을 받고 컴퓨터를 갖고 있는 사람들이 얼마나 될까? 냉장고에 먹을 것이 있고 옷장에 옷이 가득한 사람은 얼마나 될까? 지붕이 있는 집에서 편하게 잘 수 있는 사람은 세계 인구의 25%밖에 되지 않는다. 잔돈을 모아 놓는 저금통이 있는 사람은 8%밖에 되지 않는다. 우리는 상위 10% 안에 드는 사람들의 생활을 하고 있다. 이미 충분히 부자인 셈이다. 하나님은 이미 우리에게 부자의 잣대를 적용하고 계신다.

적용 및 결단을 위한 질문

❶ 부자는 구약 성경과 재물이라는 좋은 재료를 자기 자신만을 위해 사용했습니다. 여러분은 지금 갖고 있는 재료로 무엇을 할 수 있을지 구체적으로 이야기해 보십시오.

❷ 여러분이 죽은 후에 '음부', 즉 고통받는 곳에 가지 않으려면 여러분의 인생의 목적을 어떻게 변화시켜야 합니까?

33 스스로 조심해야 하는 것

본문 누가복음 17:1-10

외울 말씀 너희는 스스로 조심하라 만일 네 형제가 죄를 범하거든 경고하고 회개하거든 용서하라 (3절)

도입을 위한 글

페니(Penny)는 훌륭한 사업가요, 그리스도인이었다. 어느 날 그는 한 사교 모임에 참석했다. 그런데 그가 진저에일(음료수)을 마시는 것을 본 사람이 그 색깔을 보고 칵테일이라고 생각했다. 곧 사람들은 페니가 술을 마신다고 수군거리기 시작했다. 그 말을 듣게 된 페니는 다음과 같이 말했다. "제가 진저에일을 마시는 것이 사람들에게 의혹거리가 되고, 그리스도인으로서 저의 명예에 손상을 입힌다면, 저는 지금부터 진저에일을 마시지 않겠습니다! 저는 지금부터 색깔이 술과 분명하게 구별되는 토마토 주스나 냉수를 마시겠습니다!" 그는 참으로 그리스도를 자랑스럽게, 그리고 분명하게 섬겼던 사람이다.

–윤영준

도입을 위한 질문

❶ 여러분이 무심코 했던 행동이나 말로 다른 사람을 실족시켰던 경험에 대해 이야기해 보십시오.

❷ 여러분이 그리스도인으로서 스스로 조심하고 있는 행동으로는 무엇이 있습니까?

본문 질문

❶ 예수님은 제자들에게 무엇을 조심하고 또 조심하라고 하셨습니까(1-3절)?

*실족(1-2절): 사람들을 믿음에서 멀어지도록 만드는 공격적인 행동이다.

❷ 형제가 죄를 범했을 때 어떻게 하는 것이 사랑입니까(3절)?

❸ 제자는 회개하는 형제를 하루에 몇 번이라도 용서해야 합니까(4절)?

❹ 사도들(열두 제자)은 자신에게 믿음이 있다고 생각했기 때문에 자신만만했습니다. 그래서 그들은 예수님께 어떤 요청을 했습니까(5절)?

❺ 다음 글을 읽고 영적 경계를 더욱 강화하는 방법에 대해 정리해 보십시오.

어떻게 하면 하나님께서 베풀어 주신 은혜를 잘 기억할 수 있을까? 하나님과 함께 보낸 가장 멋진 순간들을 기억하게 도와주는 상징물이나 노래 등을 모아 보는 것도 한 가지 방법이다. 나의 경우에는 찬송가 하나가 하나님을 향한 나의 감사를 아주 솔직하게 시적으로 표현해 주고 있다. '복의 근원 강림하사'로 시작되는 이 찬송은 내게 큰 의미가 있다. 그 사실을 아는 아내는 찬송 가사를 초록색 글씨로 예쁘게 써서 액자에 넣어 생일 선물로 줬다. 그 액자를 볼 때마다 나는 아내가 하나님 아버지께서 주신 귀한 선물이라는 생각을 한다. 늘 나에게 은혜를 베푸는 아내에게 고마움을 느낀다. 그 액자를 볼 때 나도 은혜를 베푸는 남편이 되리라 마음을 먹는다. 나는 매일 아침 일어날 때, 액자 속의 찬송 가사를 보면서 감사하는 삶을 산다는 것이 무엇을 뜻하는지 생각해 본다. 로빈슨(Robinson)이 그 가사를 지으면서 느꼈을 감정을 조금은 알 것 같다. —더들리 J. 델프스, 『하나님을 만나는 기도』

❻ 예수님은 제자들에게 그들이 어떤 믿음조차도 없다고 대답하셨습니까(6절)?

❼ 예수님은 제자들에게 하나님의 종으로 살아갈 것을 요구하셨습니다. 종은 낮과 밤에 어떤 일을 한 후에 쉽니까(7-8절)?

❽ 종이 자신의 직무를 다했을 때, 그에 대한 감사나 칭찬을 받는 것이 마땅합니까(9-10절)?

더 깊은 연구와 묵상을 위하여

❶ 예수님은 베드로에게 몇 번이라도 용서하라고 하셨는지 살펴보십시오(마 18:22).

❷ 자신이 믿음으로 서 있다고 생각하는 자는 무엇을 조심해야 하는지 묵상해 보십시오(고전 10:12).

적용을 위한 글

누가복음은 처음부터 믿음의 문제를 다뤘다. 세례 요한의 아버지 사가랴는 믿음이 없어 벙어리가 됐다. 마리아는 천사가 전해 준 하나님의 말씀을 믿음으로 여자 중에 가장 복되다는 평가를 받았다. 혈루증을 앓던 여인은 수치심을 무릅쓰고 장애물을 뛰어넘는 믿음을 보였을 때 치유를 경험했다. 하지만 제자들은 많고 많은 시간을 예수님과 함께 보냈음에도 예수님과 함께 탄 배에 광풍이 일자 무서워하며 두려워했다. 믿음은 기적이나 영적인 것과 오히려 거리가 먼 것일 수도 있다. 믿음은 우리가 일상생활 가운데 무엇을 선택하는지, 그리고 무엇을 하는지와 관련이 있다. 믿음은 가장 평범한 것으로 증명되는 것이다.

적용 및 결단을 위한 질문

❶ 여러분은 공동체의 형제들을 실족시키지 않기 위해 자신을 어떻게 점검하고 있습니까?

❷ 여러분은 입술로만 하나님을 주님이라 부르고 있지는 않습니까? 온 마음으로 하나님을 주님으로 고백하며 함께해 주심에 감사하는 시간을 가져 보십시오.

34 감사하는 믿음

본문 누가복음 17:11-19

외울 말씀 예수께서 대답하여 이르시되 열 사람이 다 깨끗함을 받지 아니하였느냐 그 아홉은 어디 있느냐 (17절)

도입을 위한 글

문제와 필요가 있을 때 믿음으로 기도하는 믿음은 큰 믿음이다. 주님의 말씀을 믿고 순종하는 믿음은 더 큰 믿음이다. 그러나 가장 큰 믿음은 응답과 은혜를 받고 감사하는 믿음이다. 우리의 감사지수(GQ)는 얼마인가. 우리는 얼마나 자주 받은 복을 세어 보며 하나님을 찬양하며 감사하는가. 하나님의 모든 자녀는 감사지수를 높여야 한다. 이 땅에서부터 영원히 기쁨과 즐거움, 참된 성공과 행복을 누리는 삶을 살기 위해서는 지능지수(IQ)나 감성지수(EQ)보다 감사지수(GQ)를 높여야 한다. 감사는 더 큰 은혜를 향해 마음을 여는 것일 뿐만 아니라 하나님을 영광스럽게 하며 기쁘시게 하는 일이다. 감사하지 않는 마음은 온갖 죄를 낳는 토양이다. 예수님은 하나님께 영광을 돌린 한 사람에게 "일어나 가라 네 믿음이 너를 구원하였느니라"(19절)고 하셨다. 기도하고 순종하며 감사했던 그 사람은 영혼까지 깨끗함을 선물로 받았다.

—이형로

도입을 위한 질문

❶ 여러분의 감사지수는 얼마나 높습니까?

❷ 여러분은 감사하지 않는 마음이 온갖 죄를 낳는 토양이라는 말에 동의합니까? 그렇게 생각하는 이유는 무엇입니까?

본문 질문

❶ 예수님께서 사마리아와 갈릴리의 경계를 지나가시다가 들른 마을에는 누가 거주하고 있었습니까(11–12절)?

*나병(12절): 나균에 의해 감염되는 만성전염성 난치병으로, 한센병이라고도 한다.

❷ 열 명의 나병환자들은 예수님을 향해 무엇이라고 소리쳤습니까(13절)?

❸ 예수님은 이전처럼 나병환자를 손으로 만져서 고쳐 주지 않으셨습니다. 그 대신 어떤 명령을 내리셨습니까(14절)?

❹ 예수님의 말씀을 믿고 가던 나병환자들에게 어떤 일이 일어났습니까(14절)?

❺ 다음 글을 읽고 완전한 감사의 생활에 대해 정리해 보십시오.

스웨덴의 경제학자이자 정치가인 다그 함마르셸드(Dag Hammarskjold)는 국제연합 수석대표를 거쳐 제2대 UN 사무총장직을 역임했다. 그는 UN 사무총장으로서 아프리카 콩고의 내전 문제를 위해 길을 나서던 중 비행기 사고로 목숨을 잃었다. 그해, 평화를 위해 반평생을 보냈던 그의 업적이 인정받아 노벨평화상이 주어졌다. 그러나 이런 많은 업적보다도 그가 생전에 남긴 말 중에 더욱 가치 있는 것으로 평가받는 짧은 글귀가 있다. "지나간 모든 것에 감사합니다. 그리고 다가올 모든 것에 감사합니다." 완전한 감사를 나타내는 이 말을 통해, 아직도 많은 사람이 힘과 용기를 얻고 있다. 완전한 감사를 통해 주님을 향한 신뢰와 사랑을 확증할 수 있다. 주님께서 우리에게 지금까지 행하신 모든 것, 그리고 앞으로 행하실 모든 일에 감사하라.

—김장환, 『큐티365』

❻ 예수님께 고침 받은 열 명의 환자 중 하나였던 사마리아인은 자기가 나은 것을 보고 어떻게 행동했습니까(15–16절)?

❼ 예수님은 돌아오지 않은 아홉 명에 대해 어떤 질문을 하셨습니까(17–18절)?

❽ 결국 사마리아인은 육체의 구원뿐만 아니라 어떤 구원도 받았습니까(19절)?

더 깊은 연구와 묵상을 위하여

❶ "가서 제사장들에게 너희 몸을 보이라"(14절)는 예수님의 명령은 어떤 율법 조항과 연관된 명령인지 연구해 보십시오(레 14장).

❷ 예수님께서 사마리아인을 "이방인"(18절)이라고 지칭하신 이유는 무엇인지 살펴보십시오.

적용을 위한 글

감사는 곧 믿음이고 믿음은 우리에게 구원의 선물을 안겨 준다. 예수님은 사마리아인에게 "일어나 가라 네 믿음이 너를 구원하였느니라"(19절)고 말씀하셨다. 감사는 우리가 예수님과 인격적으로 소통할 때 생겨나는 감정이다. 주인 되신 예수님께서 우리에게 베풀어 주신 은총을 깨달을 때 비로소 감사할 수 있다. 그래서 감사는 아무나 할 수 있는 것이 아니다. 깨끗함을 받고도 예수님께로 돌아오지 않은 9명에게는 감사가 없었다. 그들은 예수님을 보고, 예수님을 찾고, 예수님께 부르짖었지만 가장 중요한 예수님에 대한 관심은 없었던 것이다.

적용 및 결단을 위한 질문

❶ 여러분은 삶의 절박한 문제가 있을 때 무엇을 가장 먼저 합니까?

❷ 여러분은 매일 하나님의 은총에 감사하며 살고 있는지 점검해 보십시오.

인도자를 위한 지침

01 열두 제자의 전도 여행

누가복음 9장은 기독론과 제자도 등 신학적으로 중요한 주제들을 다루고 있습니다. 예수님은 갈릴리 사역을 마무리하시고 예루살렘으로 향할 준비를 하셨습니다. 그동안 숨겨 왔던 예수님의 정체가 서서히 드러나기 시작합니다. 이 과정에서 예수님의 제자들의 믿음 없음과 연약함이 드러나고, 예수님과 제자들 사이의 갈등도 서서히 증폭됩니다. 그때 예수님은 제자도를 강조하셨고, 주님의 참된 제자는 과연 누구인가에 대한 질문과 그에 대한 해답을 제시해 주셨습니다. 조원들과 함께 오늘날의 제자도에 대해 정리해 보십시오.

02 오병이어의 기적

오병이어의 기적은 예수님께서 누구신지를 보여 줬습니다. 예수님은 제자들과 무리들의 필요를 채워 주시는 가장(家長)이십니다. 예수님은 새 이스라엘의 가장으로서 백성들의 필요를 세밀하게 채워 주셨습니다. 전도 여행으로 피곤한 제자들에게는 휴식을, 영적인 갈망으로 쫓아온 무리들에게는 하나님 나라의 복음을, 병든 자에게는 병 고침을, 배고픈 무리들에게는 오병이어를 통한 배부름을 주셨습니다. 이처럼 예수님은 우리의 필요를 채워 주십니다. 조원들과 함께 지금도 살아 계시는 예수님께서 오늘날 우리를 어떻게 채우고 계시는지 나눠 보십시오.

03 하나님의 그리스도

오병이어는 단순히 수천 명을 먹이신 기적이 아니었습니다. 예수님은 오병이어 사건을 통해서 당신이 어떤 분이신지를 알려 주고자 하셨습니다. 예수님은 제자들에게 당신을 누구라 생각하느냐고 질문하셨습니다. 이때 베드로의 "그리스도시니이다"(눅 9:20)라는 대답은 표면적으로는 100점짜리였지만 내면적으로는 아직 부족했습니다. 베드로는 속으로 정치적 그리스도를 생각하고 있었기 때문입니다. 이에 예수님은 그리스도의 참된 의미와 역할에 대해 알려 주시면서 제자로 살아가는 삶이란 어떤 것인지도 알려 주셨습니다. 조원들과 함께 제자로서 합당한 모습으로 살아가고 있는지 점검해 보십시오.

04 변화산

예수님께서 기도하시는 모습과 제자들이 조는 모습이 대조됩니다. 또한 고난을 향해 걸어가시는 예수님과 영광만을 구하는 베드로의 모습도 대조됩니다. 고난이 없으면 영광도 없습니다. 예수님은 부활 영광을 바라보시며 고난을 향해 걸어가셨습니다. 고난의 길은 기도 없이 갈 수 없습니다. 매일 매 순간 하나님의 뜻을 가슴속에 채워 넣어야 합니다. 조원들과 함께 지금 이곳에서 영광을 위한 고난의 길을 걸어가고 있는지 점검해 보십시오.

05 믿음이 없는 세대

변화산 사건 이후 제자들의 무기력한 모습이 더 강력하게 고발됩니다. 변화산에 올라간 제자들의 조는 모습과 산 아래 제자들의 귀신을 쫓아내지 못하는 모습이 연결됩니다. 예수님은 그런 제자들을 향해 "믿음이 없고 패역한 세대"(눅 9:41)라고 탄식하며 책망하셨습니다. 제자들은 여전히 예수님의 능력과 인기를 등에 업고 출세할 궁리만 했습니다. 예수님의 애타는 가슴과 고난을 앞두고 기도할 수밖에 없는 간절함에는 관심이 없었습니다. 그들에게는 예수님의 마음을 담을 만한 그릇 자체가 없었습니다. 오늘날의 제자들인 우리의 모습은 어떤지 조원들과 함께 나눠 보십시오.

06 가장 큰 자

예수님과 제자들은 달라도 너무 달랐습니다. 예수님은 고난을 말씀하시는데, 제자들은 영광만 생각했습니다. 예수님은 낮아짐을 생각하시는데, 제자들은 높아지려고만 했습니다. 예수님은 더 넓은 하나님의 나라를 꿈꾸시는데, 제자들은 자기들만의 세상을 꿈꿨습니다. 예수님은 잃어버린 영혼을 불쌍히 여기며 기다리셨는데 제자들은 영혼을 정죄하며 자기편이 아니면 심판하려 했습니다. 달라도 너무 다른 제자들의 모습이 혹시 우리의 모습은 아닌지 조원들과 함께 살펴보십시오.

07 제자의 우선순위

예수님은 예루살렘으로 향하셨습니다. 그 길은 수난으로 가는 길이었습니다. 제자들은 꿈에 부풀어 있었지만 예수님의 마음은 무거웠습니다. 예루살렘에서 당할 수난을 알고 계셨기 때문입니다. 그 와중에 어떤 사람들이 예수님의 제자가 되겠다고 자원했습니다. 본문에는 세 사람이 등장합니다. 예수님은 이들에게 예수님을 따르는 일이 어떤 결단을 요구하는 일인지 깨우쳐 주셨습니다. 조원들과 함께 참된 제자의 길을 걷고 있는지 생각하고, 예수님과 뒤바뀐 우선순위는 없는지 점검해 보십시오.

08 70인 전도대

예수님은 70인 전도대를 임명하시고 몇 가지 당부를 하셨습니다. 전도대가 감당해야 할 가장 중요한 사명은 평안을 전하고 하나님의 나라를 전파하는 것이었습니다. 전도대는 이 목적을 이루기 위해 거추장스러운 짐을 다 내려놓고 오직 하나님의 능력만 의지하면서 하나님의 나라를 선포해야 했습니다. 예수님은 전도할 때 평안의 복음을 받아들이는 자들도 있겠지만, 거부하는 자들도 있을 것이라고 하셨습니다. 그러나 제자들이 할 일은 전하는 것뿐, 나머지는 복음을 듣는 자들이 결정할 일입니다. 그 결정에 대한 책임은 듣는 자들이 지게 될 것입니다. 따라서 전도대는 평안과 함께 심판도 전하는 막중한 책임을 지닙니다. 조원들과 함께 두렵고 떨리는 마음으로 전도의 사명을 감당하고 있는지 이야기해 보십시오.

09 예수님의 기쁨

70인 전도대는 하나님의 나라를 선포하라는 명령에 순종했습니다. 주님께서 주신 권능으로 사탄을 제어했으며 영적 전쟁에서 승리했습니다. 우리는 주님의 기쁨이 돼야 합니다. 하나님은 우리를 주님의 기쁨이 되게 하기 위해 부르셨습니다. 조원들과 함께 하늘에 계신 아버지의 얼굴에 미소가 지어지도록 하나님의 통치에 순종하며 하나님의 나라에 거하고 있는지 점검해 보십시오.

10 사마리아 사람의 자비

율법교사는 사마리아인을 율법도 없고 하나님도 없는 불결한 사람들로, 도무지 하나님의 구원을 받을 수 없는 지옥의 불쏘시개라고 생각했습니다. 하지만 예수님은 비유를 통해 사랑을 실천한 사마리아인이 오히려 유대인의 스승이 될 수 있고, 더 나아가 하나님의 구원에 들어올 수 있는 자임을 보여 주셨습니다. 유대인의 증오의 대상이 유대인의 스승으로 역전됐습니다. "이를 행하라 그러면 살리라"(눅 10:28)는 말씀과 "가서 너도 이와 같이 하라"(눅 10:37)는 말씀은 우리를 구원하는 믿음이 더 이상 이론과 이념이 아닌 실천과 행함으로 나타나야 함을 강조합니다. 조원들과 함께 구원받는 믿음은 어떤 믿음인지 토의해 보십시오.

11 마르다와 마리아

예수님은 베다니라는 마을에 들어가셨습니다. 예수님은 70인 전도대를 통해 하셨던 사역을 직접 하셨습니다. 예수님은 가르침과 고침을 통해 하나님 나라의 복음을 전파하려 하셨습니다. 이때 마르다는 예수님을 영접했습니다. 그런데 매우 분주했습니다. 풍성한 음식으로 예수님 일행을 대접하고자 했기 때문입니다. 하지만 예수님께는 풍성한 음식보다 가르침과 고침을 통해 하나님의 나라가 전파되는 것이 더 우선이었습니다. 마리아는 예수님의 마음을 잘 알고 있었고 예수님의 발 아래에서 말씀 듣는 것을 선택했습니다. 봉사 없는 영성도 문제지만 영성 없는 봉사도 문제입니다. 조원들과 함께 균형 잡힌 영성을 위해서 무엇을 힘써야 하는지 나눠 보십시오.

12 기도할 때의 자세

본문의 주제는 기도입니다. 예수님은 제자들에게 기도하는 방법을 가르쳐 주셨습니다. 기도의 자세와 기도의 내용을 가르쳐 주셨습니다. 예수님은 말로 가르치시기 이전에 몸소 기도를 실천해 보이셨습니다. 그리고 그 기도를 말로 정리해서 가르쳐 주셨습니다. 예배가 영과 진리로 드려져야 하듯이 기도 역시 영과 진리로 드려져야 합니다. 기도는 하나님과의 영적 교제입니다. 아버지와 아들의 친밀한 교제입니다. 기도하는 사람은 아버지를 부르고 아버지의 이름을 높입니다. 아버지의 통치가 임하길 간구합니다. 더불어 자신에게 필요한 것도 구합니다. 마치 아들이 아빠에게 구하듯이 그렇게 간구합니다. 일용할 양식을 구하고 영적인 용서를 구합니다. 시험에서 보호해 달라고 도움을 요청하기도 합니다. 조원들과 함께 하나님 아버지께 친밀하게 기도하고 있는지 살펴보십시오.

13 예수님과 바알세불

본문은 하나님의 나라와 사탄의 나라 간의 영적 전쟁을 그리고 있습니다. 예수님의 치유와 축귀는 하나님의 나라가 확장되고 있다는 강력한 증거였습니다. 바리새인과 율법학자들은 이를 깨닫지 못하고 물욕의 눈으로만 예수님을 바라봤습니다. 하나님은 지금도 예수님의 제자들을 통해 이 일을 하길 원하십니다. 예수님의 제자, 새 이스라엘을 통해 하나님의 나라를 이 땅에 심어 확장되길 원하고 계십니다. 하나님의 손(성령)을 붙잡고 사탄의 나라를 정복할 하나님의 새로운 백성들을 찾고 계십니다. 조원들과 함께 예수님의 제자로서 하나님의 나라에 관심을 갖고 사명을 감당하고 있는지 점검해 보십시오.

14 악한 세대

당시 유대인들은 세상의 빛이신 예수님을 볼 수 있는 영적인 눈이 닫혀 있었습니다. 교만한 종교지도자들은 예수님을 사탄의 하수인 취급했습니다. 무지한 백성들은 예수님께 더 자극적인 이적을 보여 달라고 요구했습니다. 모두 예수님을 무시하며 인정하지 않는 태도였습니다. 당시 이방인이었지만 하나님의 말씀을 듣고 회개했던 니느웨 사람들이 유대인들보다 더 나았습니다. 당시 이방인이었지만 하나님의 말씀을 사모했던 남방 여왕이 유대인들보다 더 나았습니다. 요나보다 더 크시고 솔로몬보다 더 높으신 예수님을 무시한 유대인들은 심판 날에 정죄를 받게 될 것입니다. 이런 예수님의 엄위하신 경고는 우리에게도 해당됩니다. 조원들과 함께 우리 세대가 얼마나 축복과 은총을 누리는 세대인지 헤아려 보십시오.

15 내면의 중요성

예수님은 식탁 교제(심포지엄)를 통해 바리새인과 서기관들과 끝장 토론을 벌이셨습니다. 예수님은 직설 화법으로 바리새인과 서기관들의 잘못을 고발하셨습니다. 바리새인과 서기관들은 스스로 아무 문제가 없다고 생각했지만 예수님께서 보시기에는 문제 투성이었습니다. 심포지엄이 끝났을 때 그들의 반응은 심각했습니다. 니느웨 사람과 남방 여왕보다 못한 유대인들과 똑같이 반응했습니다. 그 옛날 하나님께서 보내신 선지자들을 돌로 쳐 죽였던 조상들과 똑같았습니다. 어쩌면 주님은 지금 우리를 향해서도 "화 있을진저"(눅 11:42-44)라고 선언하실지도 모릅니다. 조원들과 함께 삶의 모습을 점검해 보십시오.

16 두려워해야 할 분

예수님은 수만 명의 무리가 몰려드는 상황에서도 제자들에게만 집중하셨습니다. 그리고 그들의 정체성에 대해 확실히 알려 주셨습니다. 제자들은 하나님만을 두려워해야 합니다. 사람을 두려워하기 시작하면 바리새인들처럼 외식할 수 있습니다. 또한 사람들 앞에서 예수님을 증거해야 하는데 예수님을 부인하게 될 수도 있습니다. 하나님은 우리의 영원을 결정하실 분입니다. 순간의 안전을 택할 것인지, 아니면 영원을 위해 박해를 택할 것인지는 우리에게 달려 있습니다. 성령의 능력으로 박해도 달게 받을 수 있는 강한 그리스도인이 됩시다. 조원들과 함께 자신이 세상에 쉽게 굴복하는 나약한 그리스도인은 아닌지 살펴보십시오.

17 탐심을 물리치는 삶

본문에 나오는 두 사람의 모습은 우리 주변에서 흔히 볼 수 있는 모습입니다. 돈 때문에 법정 분쟁을 불사하고 더 좋은 직장, 더 좋은 아파트, 더 좋은 차를 갈망하는 현대인의 모습과 똑같습니다. 사실 이런 모습은 그리스도인에게도 종종 나타납니다. 돈 없이는 살 수 없지만 돈만으로도 살 수 없습니다. 특히 영혼의 부요함은 돈으로 살 수 없습니다. 사후 세계의 삶 역시 돈으로 보장받을 수 없습니다. 돈에 대한 탐심은 우리의 영혼을 병들게 하며 염려와 두려움의 노예가 되게 합니다. 가진 것에 만족하면서 먹을 것과 입을 것이 있으면 족한 줄로 알고 미래를 주님께 맡기며 나눔의 삶을 실천해야 합니다. 그것이 진정으로 하나님을 믿고 신뢰하는 사람들의 삶입니다. 조원들과 함께 주님을 진정으로 신뢰하는 사람들의 특징에 대해 정리해 보십시오.

18 염려하지 말아야 할 이유

인간은 까마귀나 백합화와 비교도 할 수 없이 귀한 존재이며 하나님의 형상으로 지음 받은 존재입니다. 우리는 그중에서도 선택받은 하나님의 백성입니다. 우리가 섬기는 왕이신 하나님은 백성에게 무관심하신 분이 아닙니다. 오히려 정반대이십니다. 우리가 이 땅에서 살아가는 동안, 그리고 영원한 삶까지 책임지겠다고 약속하신 분입니다. 아버지 하나님은 우리의 모든 것을 아십니다. 조원들과 함께 최근의 염려나 근심을 나누고 하나님 안에서 믿음으로 해결하는 방법을 이야기해 보십시오.

19 깨어 준비하는 삶

제자의 삶은 예수님의 재림을 준비하는 삶이어야 합니다. 주님께서 언제 다시 오실지 모르기 때문에 하루하루를 긴장하면서 생활해야 합니다. 허리에 띠를 풀면 안 됩니다. 등불의 기름이 떨어지면 안 됩니다. 청지기로서 주님께서 맡기신 일들을 성실하게 감당해야 합니다. 한 걸음씩 걷다 보면 그날에 이르게 될 것입니다. 사람의 시선은 중요하지 않습니다. 하나님의 시선이 중요합니다. 제자들이 주의해야 할 것은 잠입니다. 쾌락의 잠, 유혹의 잠, 권력과 물질의 잠이 들지 않도록 늘 깨어 있어야 합니다. 자신을 점검하고 또 점검해야 합니다. 조원들과 함께 재림을 어떻게 준비하고 있는지 나눠 보십시오.

20 시대를 분간하는 지혜

예수님을 믿는 자들은 세상으로부터 외면당할 수 있습니다. 심지어 가장 가까운 사람들에게 외면당할 수도 있습니다. 그리스도인은 그런 외면을 감수할 줄 알아야 합니다. 신앙적인 것 외에는 무엇이든 양보해야 합니다. 하지만 신앙의 문제에 있어서는 타협하지 말아야 합니다. 현대 그리스도인의 신앙에서 나타나는 문제는 너무나 쉽게 타협하면서도 개인의 이익에 관련된 분쟁에서는 조금도 물러서지 않으려고 한다는 점입니다. 이는 세상 사람들과 똑같은 모습입니다. 복음을 위한 분열이 두려워 신앙의 문제에서 타협한다면 최종심판대 앞에서 주님의 외면을 경험하게 될 것입니다. 조원들과 함께 언제 주님을 외면하고 싶은 유혹이 드는지 나눠 보십시오.

21 회개의 중요성

예수님은 비유로 말씀하셨습니다. 포도원에 무화과나무를 심은 한 사람은 하나님을 상징합니다. 포도원은 이스라엘 공동체이며 무화과나무는 하나님의 백성인 이스라엘을 상징합니다. 열매는 하나님의 백성이 맺어야 할 삶의 열매를 상징합니다. 무화과나무의 주인은 매년 열매가 맺어지기를 기대하고 기다렸습니다. 하지만 무화과나무는 열매를 맺지 않았습니다. 그래도 하나님은 기다리고 또 기다리십니다. 하지만 주인의 인내가 영원하지 않듯이 하나님의 인내하심도 영원하지 않을 것입니다. 하나님께서 당신의 백성들에게 열매를 기대하시는 것은 당연하고 합당합니다. 그러므로 하나님의 백성들은 이제 구원의 은총에 보답하는 삶을 살아야 합니다. 조원들과 함께 회개의 합당한 열매를 맺어 가고 있는지 점검해 보십시오.

22 매임에서 푸는 것

예수님의 사역은 가르치심과 고치심 2가지입니다. 두 사역은 아주 특별한 의미가 있습니다. 예수님의 가르치심과 고치심은 곧 하나님 나라의 확장을 의미하기 때문입니다(마 4:23). 예수님은 무질서와 혼돈에 지배당하던 여자를 향해 해방을 선포하시며 고쳐 주셨습니다. 이런 예수님의 선포는 하나님의 나라를 확장하는 사역의 일환이었습니다. 조원들과 함께 오늘날 예수님의 가르치심과 고치심을 통해 하나님의 나라가 어떻게 확장되고 있는지 살펴보십시오.

23 좁은 문

그리스도인의 삶도 겨자씨와 누룩 같아야 합니다. 주변을 변화시키는 영향력이 있어야 합니다. 그 크기와 양은 작지만 강력한 영향력을 지녀서 세상에 생명과 유익을 주는 사람이 돼야 합니다. 복음과 함께 살면 반드시 우리를 통해 하나님의 나라가 확장되는 것을 경험하게 될 것입니다. 회개에 합당한 열매가 없다면 그 사람은 하나님 나라의 주인공이 될 수 없습니다. 예수님을 알고 예수님의 뜻대로 행하는 사람만이 구원의 문으로 들어갈 수 있습니다. 예수님의 허락을 받았다고 해도 허리를 굽히지 않으면 좁은 문으로 들어갈 수 없습니다. 성도라는 이름표만으로 절대 안심하거나 만족하지 마십시오. 조원들과 함께 구원의 문으로 들어가기 위해서 무엇에 더욱 힘써야 할지 토의해 보십시오.

24 목적이 있는 길

예수님은 예루살렘으로 향하는 길 위에 계셨습니다. 그리고 평생의 목적지인 예루살렘의 십자가를 향해 하루하루 전진하셨습니다. 그 길에서 예수님은 당신이 해야 할 사명을 다하셨습니다. 가르쳐 주시고 고쳐 주시고 때로는 탄식하셨습니다. 하루하루 자신의 안일을 위해 사는 헤롯 왕과는 차원이 다른 삶이었습니다. 죽음을 피해 도망가라고 충고해 주는 바리새인들과도 대조됐습니다. 예수님은 하나님의 구원 계획을 이루는 일이라면 그 어떤 고난도, 그 어떤 장애물도 마다하지 않으셨습니다. 예수님은 당신을 위해 사는 분이 아니셨기 때문입니다. 예수님은 하나님을 위해, 하나님의 백성들을 위해 사셨습니다. 조원들과 함께 누구를 위해, 무엇을 위해 살아가고 있는지 이야기해 보십시오.

25 자기를 낮추는 자

예수님은 바리새인과의 식탁 교제를 통해 당시 종교지도자들이 갖고 있던 편견들을 지적해 주셨습니다. 첫째, 안식일에 대한 편견이었습니다. 종교지도자들은 안식일에 여러 가지 금지 조항을 만들어 백성들의 영적 자유를 제한하고 학대했습니다. 이에 예수님은 안식일의 정신은 사랑과 치유임을 깨우쳐 주셨습니다. 둘째, 종교지도자들의 교만한 모습이었습니다. 즉, 높은 자리에만 앉으려고 하는 교만을 지적하셨습니다. 고위층만 초대해 인맥을 넓히려는 욕심을 정죄하셨습니다. 하나님의 나라에는 높아지려는 자와 교만한 자가 설 곳이 없습니다. 하나님의 나라는 겸손한 자들이 사는 나라입니다. 조원들과 함께 진정한 하나님 나라의 백성으로 살고 있는지 점검해 보십시오.

26 큰 잔치의 초청

예수님은 안식일에 바리새인 지도자의 초청으로 식사를 하면서 복음을 전하셨습니다. 예수님은 자기를 낮추고, 가난한 자, 병든 자, 장애가 있는 자들을 섬기는 자들이 하나님 나라의 복을 누릴 수 있다고 하셨습니다. 이 말을 듣고 있던 한 사람이 "무릇 하나님의 나라에서 떡을 먹는 자는 복되도다"(눅 14:15)라고 소리쳤습니다. 아마도 그는 자신이 하나님 나라의 잔치에 참여할 수 있는 복을 얻을 수 있다고 확신한 것 같습니다. 자기 자신은 겸손한 사람이고 구제도 많이 했으니 하나님의 나라에 들어갈 수 있는 자격 요건이 된다고 생각했을 것입니다. 하지만 예수님은 그렇게 생각하지 않으셨습니다. 예수님은 혼인 잔치의 비유로 그들의 착각을 깨우쳐 주셨습니다. 우리는 하나님의 나라에 당연히 들어갈 것이라는 착각에 빠지면 안 됩니다. 늘 두렵고 떨리는 마음으로 구원을 이뤄 가야 합니다(빌 2:12). 조원들과 함께 어떻게 구원을 이뤄 갈지에 대해 토의해 보십시오.

27 진정한 제자

예수님은 본문에서 '내 제자가 되지 못하리라'는 말씀을 3번이나 하셨습니다(눅 14:26-27, 33). 예수님은 예수님을 향해 환호성을 지르는 무리보다 예수님을 묵묵히 따르는 제자를 원하십니다. 예수님을 따르기 위해 기꺼이 대가를 지불하는 헌신된 제자를 원하십니다. 우리는 주님을 우리의 전부로 삼아야 합니다. 전심전력으로 예수님을 따르는 진정한 제자가 돼야 합니다. 조원들과 함께 예수님을 우리 삶의 최우선 순위로 두고 모시고 있는지 살펴보십시오.

28 죄인이 회개할 때

예수님은 세리와 죄인들에게 복음을 전하시고 함께 식탁 교제를 나누셨습니다. 하지만 바리새인과 서기관들은 그런 예수님을 비난했습니다. 이에 예수님은 잃어버린 양의 비유와 잃어버린 드라크마 비유를 통해 반박하셨습니다. 두 비유에 나오는 목자와 여자의 모습은 예수님의 마음을 대변해 주고 있습니다. 주님은 잃어버린 영혼이 주님께로 돌아오는 것을 가장 기뻐하십니다. 죄인 한 사람이 회개하면 하늘에서 축제가 열립니다. 주님의 제자 된 우리도 한 사람이 회개할 수 있도록 도와야 합니다. 조원들과 함께 어떻게 하면 한 사람이 회개하도록 도울 수 있을지 토의해 보십시오.

29 아버지께로 돌아온 탕자

예수님은 잃어버린 양과 잃어버린 드라크마의 비유에 이어서 잃어버린 아들에 대한 비유를 하십니다. 아버지는 하나님을 상징하고, 둘째 아들은 세리와 죄인들을, 첫째 아들은 바리새인과 서기관들을 상징합니다. 먼저 소개되고 있는 둘째 아들은 예수님께 복음을 듣고 회개한 세리와 죄인들을 상징합니다. 12절부터는 세리와 죄인들이 어떻게 아버지 하나님의 품을 떠났는지 그 시작을 보여 주고 있습니다. 이후 20절부터는 아버지의 모습에서 하나님의 깊은 사랑을 발견할 수 있습니다. 아버지 하나님의 사랑은 지금도 계속되고 있습니다. 조원들과 함께 하나님의 사랑과 성품을 깊이 묵상해 보십시오.

30 집 안의 탕자

예수님은 바리새인과 서기관들의 잘못된 구원관을 교정해 주시기 위해 비유 속에 맏아들을 등장시키셨습니다. 그들은 자신들이 행하는 종교적인 선행과 순종이 구원을 줄 것이라고 생각했습니다. 하지만 예수님은 그들과 정반대의 구원관을 말씀하셨습니다. 하나님은 세리와 창기같이 구원받을 자격이 없어 보이는 자들에게도 구원의 은총을 베풀어 주신다고 말씀하십니다. 구원은 인간의 행위에 대한 보상으로 주어지는 것이 아니라, 전적인 하나님의 사랑과 은총에 의해 주어지는 것입니다. 조원들과 함께 각자의 구원관을 점검해 보십시오. 그리고 구원의 은총에 보답하는 삶이 무엇인지 나눠 보십시오.

31 두 주인

바리새인들은 예수님의 가르침이나 행동을 항상 비난했습니다. 그들의 눈에는 예수님과 제자들이 무식한 폭도로 보였을 것입니다. 그들은 스스로를 백성들의 지도자라고 생각했고, 진정한 하나님 나라의 주인공으로 생각했습니다. 하지만 예수님께서 보시기에 바리새인과 서기관들은 재물의 신을 섬기며, 가난한 자들을 착취하는 자들이었습니다. 예수님은 불의한 청지기 비유를 통해 이 사실을 정확하게 지적하셨습니다. 세상 사람들은 자기들 나름의 미래에 대한 꿈과 계획을 위해 재물을 아낌없이 투자하는데, 정작 빛의 아들들이라고 자부하는 바리새인과 서기관들은 다가올 하나님의 나라를 위해 아무것도 준비하지 않고 있다는 지적이었습니다. 조원들과 함께 장차 임하게 될 새 하늘과 새 땅을 위해 무엇을 준비하고 대비해야 할지 나눠 보십시오.

32 부자와 거지 나사로

예수님은 비유를 통해 부자와 거지 나사로를 비교하십니다. 이 비유를 통해 우리는 '하나님은 왜 사람들을 구원하실까? 구원에 합당하게 살아간다는 것은 무엇일까?'에 대한 해답을 찾을 수 있습니다. 하나님은 모든 사람에게 기회를 제공하십니다. 유대인이든 이방인이든, 부자든 가난한 자든 하나님의 복음을 듣고 회개할 기회를 주십니다. 그 기회를 지혜롭게 포착하는 사람은 마지막 날에 열리는 하나님의 잔치에 참여하게 될 것입니다. 하지만 그렇지 않은 자들은 고통 가운데서 고민하게 될 것입니다. 부자에게는 이미 성경과 재물이라는 좋은 재료가 있었습니다. 그 재료를 갖고 하나님을 섬기며 이웃을 섬길 기회가 있었습니다. 하지만 그는 자기만을 위해 그 재료를 사용했습니다. 조원들과 함께 우리의 인생을 누구를 위해, 그리고 무엇을 위해 사용하고 있는지 점검해 보십시오.

33 스스로 조심해야 하는 것

우리는 하나님의 종이며 예수 그리스도의 노예입니다. 그러므로 우리는 이 땅에 사는 동안 주인 역할을 하려 해서는 안 됩니다. 주인 역할을 하는 것은 불신앙입니다. 안식과 쉼, 그리고 새 하늘과 새 땅은 이 땅에서 종의 역할을 충성스럽게 감당한 자들에게만 주어집니다. 하나님의 종으로 살아가는 것이 믿음입니다. 예수 그리스도를 주인으로 섬기는 삶이 믿음입니다. 우리는 그 믿음을 달라고 주님께 기도하고 간구해야 합니다. 그 믿음이 없으면 구원을 받을 수 없기 때문입니다. 우리의 입술로만 주님의 종이라고 말하지는 않습니까? 마치 주님을 종처럼 부리려고 하지는 않습니까? 주님께 우리가 원하는 대로만 해 달라고 명령하지는 않습니까? 조원들과 함께 하나님은 우리 생각보다 훨씬 광대하시고 크신 분이라는 것을 고백해 보십시오.

34 감사하는 믿음

하나님은 감사하는 믿음을 가진 사람을 기뻐하십니다. 그에게 더 큰 은혜를 주십니다. 주님께 감사하며 영광을 돌리는 자에게 육체적이고 사회적인 문제뿐만 아니라 영혼의 무서운 질병인 죄의 문제도 해결해 주십니다. 감사는 믿음의 성숙을 의미합니다. 삶의 어떤 조건에서도 하나님께 감사하는 것은 믿음입니다. 불평하거나 불만을 품지 않고 불안해하지도 않으며 감사할 수 있는 사람은 진정한 신앙인입니다. 병을 고침 받은 아홉 명에게도 말씀을 듣고 순종하는 믿음이 있었습니다. 하지만 그들에게 감사하는 믿음은 없었습니다. 그러나 사마리아인은 말씀을 듣고 순종했으며, 거기에 감사하는 믿음까지 있었습니다. 조원들과 함께 일상에서 감사를 얼마나 실천하고 있는지 점검해 보십시오.

지은이 **이상훈 목사**

총신대학교 기독교교육과 (B.A.)
총신대학교 신학대학원 (M.div.equ.)
웨스트민스터신학대학원대학(Th. M.)
현) 하늘향기교회 담임목사
프리셉트성경연구원, 총회출판국, 주만나 집필위원

심도 있게 편찬된
구역 및 대학 청년부 BEST G.B.S. 교재

BEST 누가복음 Ⅱ

지은이 | 프리셉트팀(이상훈)

초판 1쇄 | 2019년 8월 20일

발행인 | 김경섭
국제총무 | 최복순
총무 | 김상현
기획국장 | 김현욱
서적부 | 양재성, 신충경
편집부 | 고유영(편집실장), 김지혜, 허윤희(편집), 유권지(디자인)

발행처 | 묵상하는사람들
등록번호 | 20-333
일부총판 | 생명의말씀사 Tel. (02) 3159-7979 Fax. 080-022-8585

주소 | 서울시 동작구 사당로2가길 91(사당동) (우) 07028
전화 | (02) 588-2218 팩스 | (02) 588-2268
홈페이지 | www.precept.or.kr
국민은행 772-21-0310-382(김경섭)

값 5,000원
ISBN 978-89-8475-767-7 04230
978-89-8475-456-0 04230(세트)

독자 여러분의 의견을 기다립니다.
독자 전화 (02) 588-2218 / pmnqt@hanmail.net